KÖNIGS ERLÄUTERUNGEN
Band 348

Textanalyse und Interpretation zu

Heinrich Mann

DER UNTERTAN

Jörg Schlewitt

Alle erforderlichen Infos zur Analyse und Interpretation
plus Musteraufgaben mit Lösungsansätzen

Zitierte Ausgabe:
Mann, Heinrich: *Der Untertan*. Husum: Hamburger Lesehefte Verlag, 2021 (Heft
255; Heftbearbeitung: Stella Rogal). Zitiert als HL.
Mann, Heinrich: *Der Untertan*. Frankfurt am Main: Fischer Taschenbuch Verlag,
[20] 2020 (Fischer TB 13640). Zitiert als F.

Über dem Autor dieser Erläuterung:
Prof. Dr. habil. Jörg Schlewitt studierte Germanistik und Geschichte. Nach
einigen Jahren im Schuldienst (Fächer: Deutsch/Geschichte) begann er eine
Universitätslaufbahn und war zuletzt ordentlicher Professor für Methodiken des
Deutschunterrichts (Fachdidaktik) an der Universität Leipzig. Er veröffentlichte
zahlreiche Monografien und Aufsätze zur Fachdidaktik und ist Verfasser und
Mitherausgeber von Schulbüchern.

4. Auflage 2021
ISBN: 978-3-8044-1950-6
PDF: 978-3-8044-5950-2, EPUB: 978-3-8044-6950-1
© 2002, 2011, 2021 by Bange Verlag, 96142 Hollfeld
Alle Rechte vorbehalten!
Titelabbildung: Werner Peters im DEFA-Spielfilm Der Untertan, DDR 1951
© ullstein bild – united archives
Druck und Weiterverarbeitung: Tiskárna Akcent, Vimperk

INHALT

1. DAS WICHTIGSTE AUF EINEN BLICK –   6
SCHNELLÜBERSICHT

2. HEINRICH MANN: LEBEN UND WERK   10

2.1 **Biografie** _____ 10
2.2 **Zeitgeschichtlicher Hintergrund** _____ 14
    Einkehr und Selbstbestimmung _____ 14
    Historische Ereignisse, die unmittelbar im Roman
       eine Rolle spielen _____ 16
    Literaturgeschichtliche Einordnung _____ 22
2.3 **Angaben und Erläuterungen**
    zu wesentlichen Werken _____ 24
    Das Werk im Schaffensprozess _____ 26

3. TEXTANALYSE UND -INTERPRETATION   27

3.1 **Entstehung und Quellen** _____ 27
3.2 **Inhaltsangabe** _____ 32
    Diederich Heßling studiert in Berlin und begegnet
       Kaiser Wilhelm II.
       (1. Kapitel) _____ 32
    Diederich bricht sein Eheversprechen und lässt
       sich den Schnurrbart nach dem Vorbild des
       Kaisers formen
       (2. Kapitel) _____ 34
    Diederich übernimmt die Fabrik in Netzig und
       beginnt seinen Aufstieg zur Macht
       (3. Kapitel) _____ 35

Aus dem Prozess wegen Majestätsbeleidigung
geht Diederich als Sieger hervor
(4. Kapitel) 37
Diederich festigt seine Macht in Netzig und
heiratet Guste Daimchen
(5. Kapitel) 39
Diederich klärt Familienangelegenheiten, wird
Generaldirektor und hält die Rede zur Denkmalseinweihung
(6. Kapitel) 40

3.3 Aufbau 43

Grundstruktur des Romans/Übersicht 43

Übersicht zur Struktur und Chronologie der
einzelnen Kapitel 44

3.4 Personenkonstellation und Charakteristiken 46

Charakterisierungen der Hauptfiguren 48

Diederich Heßling 48

Wolfgang Buck 51

Der alte Herr Buck 52

Napoleon Fischer 53

Dr. Jadassohn 54

Guste Daimchen 54

3.5 Sachliche und sprachliche Erläuterungen 56

3.6 Stil und Sprache 60

3.7 Interpretationsansätze 65

Diederich wird vom Macht-Erleidenden zum
Macht-Ausübenden 66

Die gegensätzliche Entwicklung zweier Protagonisten: Diederich und der alte Buck 69

Die satirische Gestaltung des Romans am Beispiel
der kontinuierlichen Annäherung Diederichs
an Kaiser Wilhelm II. ———————————— 72
Die Funktion der drei Frauengestalten bei der
Entwicklung Diederichs zum untertänigen
Machtmenschen ———————————— 75
Die Funktion des Theater-Motivs im Roman ———— 77

4. REZEPTIONSGESCHICHTE 79

5. MATERIALIEN 88

6. PRÜFUNGSAUFGABEN 93
MIT MUSTERLÖSUNGEN

LITERATUR 109

STICHWORTVERZEICHNIS 114

1. DAS WICHTIGSTE AUF EINEN BLICK – SCHNELLÜBERSICHT

Damit sich der Leser in diesem Band schnell zurechtfindet und das für ihn Interessante gleich entdeckt, hier eine kurze Übersicht.

⇨ S. 10 ff.

Im 2. Kapitel findet sich der Lebenslauf von Heinrich Mann und wir geben Erläuterungen zum zeitgeschichtlichen Hintergrund:

⇨ S. 10 ff.

→ Heinrich Mann wurde 1871 in Lübeck geboren und er starb 1950 in Santa Monica. Er hatte viele Wohnsitze, u. a. in Lübeck, München, Berlin.

⇨ S. 14 ff.

→ Der Untertan reflektiert die Zeit von 1848 (der alte Buck hatte 1848 an der Revolution teilgenommen) bis etwa 1897 (Einweihung des Denkmals für Kaiser Wilhelm I.).

⇨ S. 24 ff.

→ Der Untertan ist 1914 erschienen. Er gehört zur Kaiserreich-Trilogie, ebenso wie Die Armen (1917) und Der Kopf (1925). Zuvor war 1905 der Roman Professor Unrat oder Das Ende eines Tyrannen erschienen.

Im 3. Kapitel findet sich die Textanalyse und -interpretation.

Der Untertan – Entstehung und Quellen:

⇨ S. 28 ff.

1906 schreibt Heinrich Mann in einem Brief an Ludwig Ewers, dass er einen Roman plant, dessen Held den Berliner Geist in die Provinz trägt.

Inhalt:

⇨ S. 32 ff.

Heinrich Mann wirft in Der Untertan einen satirischen Blick auf die latente Aggressivität und Borniertheit der bürgerlichen Gesellschaft. Im Mittelpunkt des Romans steht Diederich Heßling, seine

Kindheit, sein Studium in Berlin und schließlich sein Aufstieg zum mittelständischen Unternehmer in seiner Heimatstadt Netzig. Der kleinbürgerliche Untertan Diederich Heßling sieht in Kaiser Wilhelm II. sein großes Vorbild. In Netzig sichert er sich Macht und Einfluss, indem er nach oben buckelt und nach unten tritt. Letztlich erweist sich der despotische Heßling als feige und erbärmlich. Kontrastfiguren zu Heßling sind der Rechtsanwalt Wolfgang Buck und dessen Vater, der alte Buck.

Chronologie und Schauplätze:

Der Roman spielt während der Regierungszeit Kaiser Wilhelms II. (1888–1918). Chronologisch erzählt er von der Kindheit, dem Studium und der Karriere Diederich Heßlings. Seine Heimatstadt Netzig ist der Hauptort der Handlung, Nebenschauplätze sind Berlin, wo Heßling studiert, sowie Rom, wo sich eine Episode (6. Kapitel) während der Hochzeitsreise des Protagonisten abspielt.   ⇨ S. 44 f.

Die Personen:

Die Hauptpersonen sind: ⇨ S. 46 f.

Diederich Heßling: ⇨ S. 48 ff.

→ feige und unterwürfig gegenüber allen Mächtigen, kalt und brutal im Verhalten gegenüber Schwächeren und Untergebenen
→ bei seinem Studium in Berlin prägen die Mitgliedschaft bei den Neuteutonen und seine kurze Militärzeit diese Charaktereigenschaften aus
→ während seiner Karriere in Netzig sind Provokation und skrupelloses Handeln Instrumente in der Auseinandersetzung mit seinen Konkurrenten
→ auch in den Beziehungen zu den Frauen verhält er sich männlich-autoritär

| 1 SCHNELLÜBERSICHT | 2 HEINRICH MANN: LEBEN UND WERK | 3 TEXTANALYSE UND -INTERPRETATION |

⇨ S. 51 f.

Wolfgang Buck:
→ verkörpert im Gegensatz zu Diederich Heßling humanistische Werte wie Freiheit, Gerechtigkeit und gesellschaftlichen Fortschritt
→ in der Auseinandersetzung mit Diederich ist er zu unentschlossen und wenig kämpferisch
→ resigniert schließlich

⇨ S. 52 f.

Der alte Buck:
→ liberal-demokratisch
→ integre und geachtete Persönlichkeit
→ zukunftsorientiert

⇨ S. 53 f.

Napoleon Fischer:
→ auf eigene politische und wirtschaftliche Interessen bedacht
→ vertritt als Sozialdemokrat nicht die Interessen der Arbeiterschaft

⇨ S. 54

Dr. Jadassohn:
→ kaisertreu, national-konservativ
→ will Karriere machen, eitel

⇨ S. 54 f.

Guste Daimchen:
→ vermögend, selbstbewusst, kaisertreu

Stil und Sprache Heinrich Manns:

⇨ S. 60 ff.

Heinrich Mann ist nicht eindeutig einer bestimmten Stilrichtung zuzuordnen. Im *Untertan* überwiegt die satirische Gestaltung bei der Charakterisierung der kaisertreuen Personen.

Lexikalische und syntaktische Mittel werden bei der sprachkünstlerischen Gestaltung des Textes eingesetzt, um beim Leser die gewünschte Wirkung zu erzielen.

| 4 REZEPTIONS-GESCHICHTE | 5 MATERIALIEN | 6 PRÜFUNGS-AUFGABEN |

Neben der Verwendung satirischer sprachlicher Mittel ist in dem Roman auch die Verwendung von Fachausdrücken aus Produktion und Ökonomie sowie aus Dialekt und Sondersprache typisch für die realistische Gestaltung zahlreicher Textpassagen.

Die inhaltlich-thematisch bestimmten Interpretationsansätze nehmen folgende Aspekte in den Blick:

→ das Verhältnis des Macht-Erleidenden zum Macht-Ausübenden ⇨ S. 65 ff.
→ die gegensätzliche Entwicklung von Diederich Heßling und dem alten Herrn Buck
→ die satirische Gestaltung des Romans am Beispiel der Annäherung Diederichs an Kaiser Wilhelm II.
→ die Frauengestalten im Roman und ihre Funktion bei der Entwicklung Diederichs
→ die Funktion des Theater-Motivs im Roman

2. HEINRICH MANN: LEBEN UND WERK

2.1 Biografie

Heinrich Mann
1871–1950
© ullstein bild –
Roger Viollet

JAHR	ORT	EREIGNIS	ALTER
1871	Lübeck	Heinrich Mann wird am 27. März als erster Sohn des Lübecker Kaufmanns und Reeders Thomas Johann Heinrich Mann geboren. 1877 wird der Vater in den Senat seiner Heimatstadt gewählt.	
1875	Lübeck	Thomas Mann wird in Lübeck geboren.	4
1884	Petersburg	Bildungsreise des jungen Heinrich Mann zu wohlhabenden Verwandten nach Petersburg. Sein Tagebuch über die Reise ist als autobiografisches Dokument erhalten geblieben.	13
1885/87	Lübeck	Erste erzählerische und poetische Versuche	14–16
1889	Lübeck, Dresden	Heinrich Mann verlässt nach der Unterprima das Gymnasium und beginnt eine Buchhändlerlehre in Dresden.	18
1890– 1892	Berlin	Volontär beim S. Fischer Verlag Neue Bildungseindrücke gewinnt Heinrich Mann durch den Besuch von Vorlesungen an der Friedrich-Wilhelm-Universität.	19–21
1891	Lübeck	Unerwarteter Tod des Vaters (geb. 1840) verbunden mit gravierenden Einschnitten in das Familienleben, so z. B. Liquidierung der Firma Johann Siegmund Mann.	20
1892	Wiesbaden, Lausanne	Heinrich Mann erkrankt schwer. Es schließen sich Kuraufenthalte in Wiesbaden und Lausanne an. Er schreibt seine ersten Kritiken und Essays für die Wochenschrift *Die Gegenwart*.	21

| 4 | REZEPTIONS-GESCHICHTE | 5 MATERIALIEN | 6 | PRÜFUNGS-AUFGABEN |

2.1 Biografie

JAHR	ORT	EREIGNIS	ALTER
1893	Lübeck, München	Die Mutter zieht mit den Geschwistern Thomas, Julia, Clara und Viktor nach München. Heinrich Mann besucht in diesem Jahr seine Heimatstadt Lübeck zum letzten Mal.	22
	Paris, Riva, Florenz	Der Dichter unternimmt seine erste Reise nach Paris; er besucht Italien und sammelt dort neue Eindrücke. In diesen Jahren schreibt er seinen ersten Roman *In einer Familie*. Die Mutter finanziert den Druck.	22
1896–1898	Rom, Palestrina	Die Reisen durch Italien unternimmt er gemeinsam mit seinem Bruder Thomas. Er beschäftigt sich mit journalistischen Arbeiten und gibt die Monatszeitschrift *Das Zwanzigste Jahrhundert. Blätter für deutsche Art und Wohlfahrt* heraus (1895/96).	25–27
1899–1914	München, Berlin, Italien	In diesen Jahren hat der Dichter keinen festen Wohnsitz. 1910 wählt seine Schwester Clara den Freitod. Mit ihr hat sich Heinrich Mann immer besonders verbunden gefühlt.	28–43
1914	München	Am 12. 08. 1914 heiratet Heinrich Mann die Prager Schauspielerin Maria Kanová. Im November 1914 veröffentlicht Thomas Mann seine *Gedanken im Kriege*. Die Folge ist das Zerwürfnis zwischen den Brüdern. *Der Untertan* erscheint als Vorabdruck.	43
1916	München	Geburt der Tochter Henriette Maria Leonie	45
1919	München	Gedenkrede für den am 21. Februar ermordeten Ministerpräsidenten der Bayrischen Räterepublik, Kurt Eisner	48
1922	München	Nach einer schweren Operation Heinrich Manns im Januar 1922 versöhnen sich die Brüder wieder am Krankenbett.	51
1923	München	11. März: Tod der Mutter	52

1 SCHNELLÜBERSICHT	2 HEINRICH MANN: LEBEN UND WERK	3 TEXTANALYSE UND -INTERPRETATION

2.1 Biografie

JAHR	ORT	EREIGNIS	ALTER
1925	Frankreich	Erste Reise nach dem Krieg nach Südfrankreich – auf den Spuren Heinrichs IV. von Frankreich	54
1926	Berlin	Wahl zum Mitglied der Preußischen Akademie der Künste, Sektion Dichtkunst	55
1928	Berlin	Trennung von Maria Mann, geb. Kanová. Die Ehe wird 1930 geschieden. Bis 1933 nimmt Heinrich Mann seinen Wohnsitz in Berlin.	57
1929	Berlin	Bekanntschaft mit seiner neuen Lebensgefährtin Nelly (eigentlich: Emmy) Kröger	58
1931	Berlin	Heinrich Mann wird Präsident der Sektion Dichtkunst an der Preußischen Akademie der Künste.	60
1932	Berlin	Mitunterzeichner des Appells zur Aktionseinheit von SPD und KPD zu den Reichstagswahlen am 31. Juli 1932. Stellungnahme gegen Faschismus und Krieg für den Amsterdamer Kongress	61
1933	Berlin	30. Januar: Machtantritt Hitlers 15. Februar: Ausschluss von Käthe Kollwitz und Heinrich Mann aus der Preußischen Akademie der Künste	62
	Sanary-sur-Mer, Nizza	21. Februar: Emigration, zuerst nach Sanary-sur-Mer, dann Nizza, dort Wohnsitz bis 1940	
	Berlin	25. August: Aberkennung der deutschen Staatsbürgerschaft Ehrenpräsident des „Schutzverbandes Deutscher Schriftsteller" (SDS)	
1935	Paris	Rede auf dem Internationalen Schriftstellerkongress zur Verteidigung der Kultur	64
	Genf	Rede in Genf vor dem Völkerbund	

| 4 | REZEPTIONS-GESCHICHTE | 5 | MATERIALIEN | 6 | PRÜFUNGS-AUFGABEN |

2.1 Biografie

JAHR	ORT	EREIGNIS	ALTER
1936	Prosec	Das böhmische Städtchen gewährt ihm Heimatrecht, Voraussetzung für die CSR-Staatsbürgerschaft.	65
1939	Frankreich	9. September: Heirat mit Nelly Kröger	68
1940	Hollywood, Los Angeles, Santa Monica	Nach der Kapitulation Frankreichs Flucht über Spanien u. Portugal in die USA. Dort nimmt er Wohnsitz in Hollywood, dann in Los Angeles und schließlich bis zum Tod in Santa Monica.	69
1944	USA	Freitod seiner zweiten Frau Nelly Kröger	73
1947	Berlin	Heinrich Mann wird Ehrendoktor der Humboldt-Universität Berlin.	76
	Prag	Maria Mann-Kanová, die erste Frau des Dichters, stirbt in Prag an den Folgen der KZ-Haft in Theresienstadt.	
1949	Berlin (Ost)	25. August: Nationalpreis I. Klasse für Kunst und Literatur 7. Oktober: Gründung der DDR	78
1950	Berlin (Ost)	Gründung der Deutschen Akademie der Künste zu Berlin, Ernennung Heinrich Manns zu ihrem ersten Präsidenten	79
1950	Santa Monica	12. März: Kurz vor der geplanten Übersiedlung in die DDR stirbt Heinrich Mann an den Folgen einer Gehirnblutung in Santa Monica. Gründung des Heinrich-Mann-Archivs in Berlin.	79
1961	Berlin (Ost)	Beisetzung der Urne auf dem Dorotheenstädtischen Friedhof Berlin	

DER UNTERTAN

| 1 SCHNELLÜBERSICHT | 2 HEINRICH MANN: LEBEN UND WERK | 3 TEXTANALYSE UND -INTERPRETATION |

2.2 Zeitgeschichtlicher Hintergrund

2.2 Zeitgeschichtlicher Hintergrund

ZUSAMMEN-FASSUNG

→ Im Mittelpunkt der Romanhandlung stehen die sozialpolitischen Veränderungen der 1890er-Jahre.

→ In der Rückblende wird die Revolution von 1948 in Deutschland erwähnt.

→ Mit der Regierungszeit Wilhelms I. nahmen die Korporationen und Burschenschaften einen oft reaktionären Charakter an.

→ Die Gründerjahre führten zur Neugründung von Betrieben, kleinere Produktionsstätten wurden modernisiert.

→ Reichskanzler Bismarck reagiert 1878 mit dem Sozialistengesetz auf das Erstarken der Sozialdemokratie.

→ 1888 wird Wilhelm II. deutscher Kaiser.

Einkehr und Selbstbestimmung

In einer Werbeanzeige der Volksbühnen-Buchhandlung in Berlin heißt es 1918 zu Heinrich Manns *Der Untertan:*

„Die rechte Neujahrslektüre in dieser Zeit der Einkehr und Selbstbestimmung des deutschen Volkes ist Heinrich Manns Roman ‚Der Untertan' – Das Deutschland Wilhelms II. von einem, der es früher als andere durchschaut hat. Im Juli 1914 beendet, konnte das Werk Dezember 1918 nach Aufhebung der Zensur endlich erscheinen."[1]

---

1 Zitiert nach Hans Kaufmann: *Geschichte der deutschen Literatur. Vom Ausgang des 19. Jahrhunderts bis 1917.* Bd. 9, Berlin 1974, S. 476.

| 4 REZEPTIONS-GESCHICHTE | 5 MATERIALIEN | 6 PRÜFUNGS-AUFGABEN |

2.2 Zeitgeschichtlicher Hintergrund

„Einkehr und Selbstbestimmung" sind Schlüsselworte, die Heinrich Manns Intentionen treffend kennzeichnen. In seinem Briefwechsel mit Rene Schickele schreibt er am 31. 12. 1907: „Der Roman der Deutschen müsste geschrieben werden, die Zeit ist überreif für ihn."[2] In einem Aufsatz entwirft der Autor in wenigen Worten das Bild des deutschen Untertans als „widerwärtig interessanten Typus des imperialistischen Untertans, des Chauvinisten ohne Mitverantwortung, des in der Masse verschwindenden Machtanbeters, des Autoritätsgläubigen wider besseres Wissen."[3]

Der Roman der Deutschen müsste geschrieben werden

So entsteht die Geschichte des Diederich Heßling, dessen Charakter dem gezeichneten Persönlichkeitsbild weitgehend entspricht.

Die erzählte Zeit kann, so man die Rückblenden berücksichtigt, von 1848 (der alte Buck hatte noch an der Revolution 1848 teilgenommen) bis etwa 1897 (Einweihung des Denkmals für Kaiser Wilhelm I.) angenommen werden. Historisch anders periodisiert, bezeichnet man diese Zeit auch als Wilhelminisches Zeitalter, das mit der Proklamation des preußischen Königs Wilhelm I. zum neuen deutschen Kaiser am 18. 01. 1871 im Spiegelsaal von Versailles begann und sein Ende fand, als die deutsche Niederlage im Ersten Weltkrieg unabwendbar war und am 09. 11. 1918 durch den Reichskanzler Max von Baden der Rücktritt Wilhelms II. verkündet wurde.

Erzählte Zeit: Zeitraum, in dem sich das erzählte Geschehen abspielt

Im Mittelpunkt der Romanhandlung stehen die sozialpolitischen Veränderungen der 90er-Jahre des 19. Jahrhunderts. Viele der historischen Ereignisse der genannten Zeitabschnitte finden sich in *Der Untertan* historisch nachvollziehbar verarbeitet, ohne dass dar-

Sozialpolitische Veränderungen Ende des 19. Jahrhunderts

---

2 *Heinrich Mann. 1871–1950.* Werk und Leben in Dokumenten und Bildern. Hg. v. Sigrid Anger. Berlin und Weimar [2]1977.
3 Zitiert nach Kaufmann, S. 475.

DER UNTERTAN

aus der Schluss abzuleiten wäre, der Roman sei eine naturalistische Wiedergabe der gesellschaftlichen Zustände jener Zeit.

Historische Ereignisse, die unmittelbar im Roman eine Rolle spielen

2. Deutsches Kaiserreich

Dem 2. Deutschen Kaiserreich, das mit der Reichsgründung 1871 seinen Anfang nahm, ging eine wechselhafte Zeit voraus, in der unterschiedliche politische Kräfte die Demokratisierung und Einheit Deutschlands anstrebten.

Im 3. Kapitel erfährt der Leser, dass in der Familie Heßling der alte Buck wegen seiner historischen Verdienste als Demokrat in der Revolution von 1848 verehrt wurde: „In der Verehrung des alten Buck sind wir aufgezogen worden. Der große Mann von Netzig! Im Jahre achtundvierzig zum Tode verurteilt!" (HL S. 76/F S. 108).

Was war damals geschehen? Der deutsche Kaiser Franz II. hatte 1806 die Kaiserkrone niedergelegt. Im Gefolge der Befreiungskriege und dem Sturz Napoleons wurde Deutschland von der Fremdherrschaft befreit, neue demokratische Entwicklungen hätten jetzt eine historische Chance gehabt. An die Stelle des alten Reiches trat nun aufgrund der Festlegungen des Wiener Kongresses (1815) der Deutsche Bund (35 Fürstentümer, 4 freie Städte).

Der Deutsche Bund

Die bestimmenden gesellschaftlichen Kräfte in diesem Bund waren der Adel und die sich langsam herausbildende Großbourgeoisie.

Da es diesen Kräften gelang, gravierende demokratische Veränderungen zu verhindern (Reformen statt Revolution), wurden in dieser Zeit die Grundlagen für das 2. Kaiserreich geschaffen. Eine Episode blieb die gescheiterte Revolution von 1848. Nach der Gründung des Deutschen Bundes bildeten sich verschiedene Oppositionsbewegungen, deren gemeinsames Ziel es war, einen demokratisch bestimmten deutschen Nationalstaat zu gründen. Mit Blick auf *Der Untertan* ist die Bewegung der Professoren und Studenten

4 REZEPTIONS-GESCHICHTE	5 MATERIALIEN	6 PRÜFUNGS-AUFGABEN

2.2 Zeitgeschichtlicher Hintergrund

interessant, die sich mit der Deutschen Burschenschaft eine Organisationsform geschaffen hatte, die damals fortschrittlichen Ideen verpflichtet war (Einheit Deutschlands, demokratische Verhältnisse und Selbstbestimmung, Demokratisierung der Universitäten).

In der Regierungszeit Wilhelms I. nahmen die Korporationen und Burschenschaften dann einen anderen, oft reaktionären Charakter an. In *Der Untertan* stehen dafür die Neuteutonen, „eine hochfeine Korporation" (HL S. 20/F S. 31), deren Mitglieder die Auffassung vertraten, „dass der jüdische Liberalismus die Vorfrucht der Sozialdemokratie sei und dass die christlichen Deutschen sich um den Hofprediger Stöcker zu scharen hätten."[4] (HL S. 39/F S. 56)

Deutsche Burschenschaften

Als der Thronwechsel 1840 in Preußen die Hoffnungen der Bourgeoisie auf Reformen enttäuschte, bildete sich eine liberale Opposition heraus. Im Jahre 1848 war eine revolutionäre Situation herangereift. Im März begannen die Unruhen, in deren Ergebnis sich die Frankfurter Nationalversammlung konstituierte, die am 18. 05. 1848 das erste Mal zusammentrat. Sie war ausschließlich mit Vertretern des Bürgertums besetzt (Professoren, Schriftsteller, Beamte).

Die Frankfurter Nationalversammlung diskutierte zwar permanent, hat aber letztlich wenige Ergebnisse gebracht und somit ihre historische Aufgabe nicht gelöst. Die Folge war, dass insbesondere die preußische Reaktion ihre Position festigen konnte und das preußische Militär schließlich der Gegenrevolution zum Siege verhalf. Trotzdem stand die Umgestaltung Deutschlands weiter auf der Tagesordnung, da die industrielle Entwicklung und das Erstarken der Großbourgeoisie sowie das zahlenmäßige Anwachsen des Proletariats dies erforderte. Dass Diederich Heßling im Roman selbst die Forderungen der Liberalen als Gefahr ansieht, macht deutlich,

Gegenrevolution

---

4   Adolf Stöcker (1835–1909) war in Berlin Hofprediger. Er war bekannt wegen seiner antisemitischen Anschauungen.

DER UNTERTAN

| 1 SCHNELLÜBERSICHT | 2 HEINRICH MANN: LEBEN UND WERK | 3 TEXTANALYSE UND -INTERPRETATION |

2.2 Zeitgeschichtlicher Hintergrund

welche Entwicklung sich in Deutschland nach 1848 anbahnte: „Diese alten Demokraten, die noch immer das Regiment führten, waren nachgerade die Schmach von Netzig! Schlapp, unpatriotisch, mit der Regierung zerfallen! Ein Hohn für den Zeitgeist!" (HL S. 76/F S. 109).

Reichsgründung 1871

Mit der Krönung Wilhelms I. zum deutschen Kaiser 1871 schien sich zunächst der Traum von der nationalen Einheit, die Liberale wie Sozialisten angestrebt hatten, zu erfüllen. Das Schicksal des nun geeinten Reiches war allerdings unauflöslich an die preußische Monarchie gebunden. Wirtschaftlich ging es zunächst in den sogenannten Gründerjahren zügig voran. Die Hochkonjunktur in der Wirtschaft führte zu zahlreichen Neugründungen von Betrieben, viele kleinere Produktionsstätten und Fabriken wurden modernisiert. Auch Diederich Heßling will an diesem Boom partizipieren, indem er seine Druckerei in Netzig technisch besser ausrüstet. In der Auseinandersetzung mit Sötbier um die Bezahlung des neuen Patent-Holländers spricht er seine Erwartung an diese Investition deutlich aus (HL S. 118/F S. 164).

Gründerjahre

Die Folge der stürmischen Industrialisierung war einerseits das Erstarken der Großbourgeoisie, die sich allerdings nicht vom Adel löste, und andererseits das zahlenmäßige Anwachsen des Proletariats verbunden mit dem Erstarken seiner Interessenvertretungen, den gewerkschaftlichen und politischen Organisationen. Nach den Gründerjahren folgte bald der Gründerkrach, die Depression, die 1873 mit den Auswirkungen der Weltwirtschaftskrise einen Höhepunkt erreichte. Die Klassenauseinandersetzungen verschärften sich wieder.

In *Der Untertan* werden die Unruhen von 1892 in Berlin erwähnt, die sich gegen die hohen Lebenshaltungskosten, insbesondere die Lebensmittelpreise, richteten (HL S. 40/F S. 58). Auch die sogenannte Zabern-Affäre (historisch belegt 1913), bei der in der elsässischen Stadt Zabern das Militär gegen Arbeiter vorging, spielt im Roman eine Rolle. In *Der Untertan* werden die Ereignisse von Zabern allerdings nur indirekt verarbeitet, nämlich in der Episode, in der ein Soldat einen Arbeiter aus der Fabrik Diederich Heßlings erschießt und dafür später vom Kaiser belobigt wird (HL S. 98/F S. 138).

Mit dem Erstarken des Proletariats gewannen auch dessen Organisationen weiter an Gewicht in den politischen und sozialen Auseinandersetzungen. Während die Bedeutung der bürgerlichen Parteien im Kaiserreich eher gering war, verkörperte die 1869 gegründete Sozialdemokratische Arbeiterpartei (1890 Umbenennung in Sozialdemokratische Partei Deutschlands/SPD) eine ernst zu nehmende politische Macht. Das Kaiserreich in der Person von Reichskanzler Bismarck reagierte mit dem sogenannten Sozialistengesetz auf diese Entwicklung. Im Oktober 1878 wurde im Deutschen Reichstag mit 221 gegen 149 Stimmen das „Gesetz gegen die gemeingefährlichen Bestrebungen der Sozialdemokratie" angenommen.

Mit Zuckerbrot und Peitsche versuchte Bismarck in der Folgezeit die politischen Gegner zu spalten. Eine Reihe von Sozialgesetzen wurde verabschiedet, u. a. die Gesetze über die Unfallversicherung 1884, über die Krankenversicherung 1885 und über die Invaliditäts- und Altersversorgung 1889. Diese Taktik hatte allerdings wenig Erfolg. Bei den Reichstagswahlen 1884 erhielt die Sozialdemokratische Partei 549.000 Stimmen. Sie konnte damit die Zahl ihrer Abgeordneten verdoppeln.[5] Nachdem die Verlängerung des Sozialistengesetzes 1890 von der Reichstagsmehrheit abgelehnt worden war, erhielt die SPD am 20. 02. 1890 bei den Reichstagswahlen bereits 1,4 Millionen Stimmen und wurde somit stärkste Partei in

Sozialistengesetze

---

5   Streisand, Joachim: *Deutsche Geschichte in einem Band*. Berlin 1974, S. 223.

2.2 Zeitgeschichtlicher Hintergrund

Deutschland.[6] Das war vielleicht auch ein Grund für Wilhelm II., nun im Bund mit der Großbourgeoisie einen kompromissbereiten Kurs mit opportunistischen Zügen gegenüber der Sozialdemokratischen Partei in seiner Politik umzusetzen. So wurde u. a. der Verfechter des Sozialistengesetzes, Otto von Bismarck, aus allen Ämtern entlassen. Dies war sicherlich außenpolitischen Entwicklungen geschuldet, aber auch die Niederlage gegen die Arbeiterbewegung wird eine Rolle gespielt haben. Diese knapp skizzierten Vorgänge sind zu berücksichtigen, wenn die Auseinandersetzungen Diederichs mit Napoleon Fischer im Roman gedeutet werden. Eine Reihe von Schlüsselstellen im Roman verweist auf diese Auseinandersetzungen (HL S. 74/F S. 106, HL S. 229 ff./F S. 321 ff., HL S. 267/F S. 375, HL S. 311/F S. 437). Bei allem Paktieren mit dem Sozialdemokraten Fischer bleibt Diederichs Fühlen, Denken und Handeln immer bestimmt durch sein großes Vorbild, den Kaiser. Die Identifizierung des Untertans mit seinem Kaiser durchzieht den gesamten Roman. Seinen Höhepunkt findet dieser Personenkult in der Rede Diederich Heßlings bei der Einweihung des Kaiser-Wilhelm-Denkmals in Netzig: „Was Seine Majestät der Kaiser zum Wohl des deutschen Volkes beschließt, dabei wollen wir ihm jubelnd behilflich sein, ob wir nun edel sind oder unfrei." (HL S. 333/F S. 466) Am 22. 03. 1897 wurde der 100. Geburtstag Kaiser Wilhelms I. gefeiert. Anlässlich dieses Jubiläums wurden in Deutschland zahlreiche Kaiserdenkmäler eingeweiht.

Wer war Wilhelm II., als dessen bedingungsloser Untertan sich Diederich Heßling in allen Lebenslagen versteht? Wilhelm II. war der Enkel Wilhelms I., dessen Denkmal in der erwähnten Episode eingeweiht wird. Wilhelm II. war von 1888–1918 preußischer König und deutscher Kaiser. In seiner Jugend bewunderte der Kaiser die

---

6   Streisand, S. 225.

2.2 Zeitgeschichtlicher Hintergrund

Politik Bismarcks. Als dieser dann aber seinem Großmachtstreben
in der Außenpolitik entgegenstand, entließ er ihn 1880.

Aufgrund seines körperlichen Leidens (verkrüppelter linker
Arm) versuchte er seine Minderwertigkeitskomplexe durch besonders forsches Auftreten, hohlen Glamour und durch Pflege mili-
tärischer Rituale zu kompensieren. Daraus resultierte auch seine
Vorliebe für das Militär, insbesondere für die Flotte, die er großzügig
förderte. Die Vorliebe des Kaisers zum Militär zeigte sich auch in
der Rolle der Reserveoffiziere und der Kriegervereine, die er diesen im öffentlichen Leben zubilligte. In kleinen Orten bestimmten
sie oft das politische Klima: „Es war der Kriegerverein in Uniform,
der herbeimarschierte. Seine Fahne zeigte ihm den Weg der Ehre." (HL S. 298/F S. 417 f.). Seine Möglichkeiten überschätzend,
provozierte Wilhelm II. einige außenpolitische Krisen, so durch die
Krügerdepesche am 03. 01. 1886, die Daily-Telegraph-Affäre 1908
und schließlich durch sein Verhalten beim Attentat von Sarajevo
1914. Charakteristisch für die Geltungssucht des Kaisers war seine
Beziehung zu Kultur und Kunst. Er versuchte zu komponieren und
schrieb auch literarische Texte, z. B. 1894 „Sang an Ägir": „In Diederichs eigenem Hause nannte die Klavierlehrerin, die mit Guste
übte, den ‚Sang an Ägir' einen –! In das, was sie gesagt hatte, flog
sie selbst ..." (HL S. 323/F S. 451).

Obwohl Wilhelm II. sich bei einigen Zeitgenossen beliebt machte
und auch im Äußeren viele Nachahmer fand (z. B. Tragen des Kaiser-
Wilhelm-Barts), war er häufig Gegenstand von Karikaturen u. a.
in der Zeitschrift *Simplicissimus*. Da die Gerichte seinerzeit sehr
schnell auf Majestätsbeleidigungen mit harten Strafen reagierten,
wurde die Gestalt des Kaisers auf den Seiten dieses Blattes unter
dem Namen Sarenissimus dargestellt:

Geltungssucht des Kaisers

2.2 Zeitgeschichtlicher Hintergrund

„Am häufigsten erschien die Gestalt des Kaisers auf den Seiten dieser satirischen Zeitschrift unter dem Namen Sarenissimus. ‚Jeder, der politisch einigermaßen im Bilde war‘, schreibt W. Wendel, ‚verstand den Trick und lachte.‘"[7]

Unter diesem Blickwinkel betrachtet, ist die Zivilcourage Heinrich Manns besonders zu würdigen, der mit Diederich Heßling ein „scharfes, treffendes karikaturistisches Abbild" des Kaisers gab.[8] Er rechnete in seinem Roman erbarmungslos mit Deutschland ab. „Er legt die wahren Verhältnisse hinter der Heuchelei von Gottes Gnadentum und bürgerlicher Moralität bloß."[9]

Literaturgeschichtliche Einordnung

Deutsche Satire im 20. Jahrhundert

Der Untertan gehört zu der Trilogie des Kaiserreiches: *Der Untertan* (1914), *Die Armen* (1917), *Der Kopf* (1925). In dem Roman werden zahlreiche historische Details verarbeitet. *Der Untertan* wird häufig auch als großer Gesellschaftsroman der Weltliteratur bezeichnet. Formal folgt der Roman dem Muster des Bildungs- und Entwicklungsromans, aufgrund seiner gesellschaftlichen Wirkung geht er aber weit über diesen Romantypus hinaus. Viele Rezensenten sehen in dem Buch ein Hauptwerk deutscher Satire im 20. Jahrhundert, etwa vergleichbar mit Heinrich Heines *Deutschland. Ein Wintermärchen* und seiner Wirkung im 19. Jahrhundert.

Motiv des Spießers

Das Motiv des Spießers findet sich auch bei:
Carl Sternheim, *Aus dem bürgerlichen Heldenleben*, (sechs Stücke 1911–1925),

---

7 Kobsarewa, Lydia: *Satire und Karikatur im Roman „Der Untertan" von Heinrich Mann.* In: Deutschunterricht, H. 2/3, 1979, S. 141.

8 Kobsarewa, S. 141.

9 Ringel, Stefan: *Heinrich Mann – Ein Leben wird besichtigt.* Darmstadt 2000, S. 169.

| 4 REZEPTIONS-GESCHICHTE | 5 MATERIALIEN | 6 PRÜFUNGS-AUFGABEN |

2.2 Zeitgeschichtlicher Hintergrund

Ödön von Horvath, *Der ewige Spießer* (1930),
Kurt Tucholsky, *Bilder aus dem Geschäftsleben* (Erzählungen und Prosastücke 1924–1926).
Folgende literarische Werke anderer Autoren erschienen im Umkreis des *Untertans*:

Theodor Fontane, *Irrungen und Wirrungen* (1888), *Frau Jenny Treibel* (1892), *Effi Briest* (1894), *Der Stechlin* (1897);

Gerhart Hauptmann, *Vor Sonnenaufgang* (1888), *Die Weber* (1892), *Der Biberpelz* (1894), *Die Ratten* (1911);

Carl Sternheim, *Die Hose, Die Kassette* (1911);

Thomas Mann, *Die Buddenbrooks* (1902), *Der Tod in Venedig* (1913), *Betrachtungen eines Unpolitischen* (1918);

Franz Kafka, *Das Urteil* (1913);

Georg Trakl, *Gedichte* (1913);

Johannes R. Becher, *Verfall und Triumph* (1914).

Weitere Autoren und Werke 1888–1918

| 1 SCHNELLÜBERSICHT | 2 HEINRICH MANN: LEBEN UND WERK | 3 TEXTANALYSE UND -INTERPRETATION |

2.3 Angaben und Erläuterungen zu wesentlichen Werken

2.3 Angaben und Erläuterungen zu wesentlichen Werken

ZUSAMMEN-FASSUNG

Literarisches Schaffen rund um die Entstehung des *Untertans*
→ 1900: *Im Schlaraffenland* (Roman)
→ 1905: *Professor Unrat* (Roman)
→ 1909: *Die kleine Stadt* (Roman)
→ 1910: *Geist und Tat* (Essay)
→ 1914: *Der Untertan* (Vorabdruck *Zeit im Bild*)
→ 1915: *Der Untertan* (russisch, St. Petersburg)
→ 1916: *Der Untertan* (Privatdruck, 10 Exemplare)
→ 1918: *Der Untertan* (deutsche Erstausgabe)

Nach eigenen Angaben hat Heinrich Mann bereits 1906 den *Untertan* geplant:

Handschrift 1914

„Den Roman des bürgerlichen Deutschen unter der Regierung Wilhelm II. dokumentierte ich seit 1906. Beendet habe ich die Handschrift 1914, zwei Monate vor Ausbruch des Krieges – der in dem Buch nahe und unausweichlich erscheint."[10]

Der Dichter hat sich mit seinem Bruder Thomas Mann von 1896 bis 1898 in Rom und Palestrina aufgehalten. 1898 begann er mit den Arbeiten an seinem Roman *Im Schlaraffenland*, der 1900 im Albert Langen Verlag erschien. Zur gleichen Zeit arbeitete Thomas Mann an seinem Roman *Buddenbrooks*, der 1901 erschien. *Im*

---

10 Zitiert nach Frederick Betz: *Erläuterungen und Dokumente zu: Heinrich Mann: Der Untertan*. Stuttgart 2003, S. 77.

4 REZEPTIONS-GESCHICHTE	5 MATERIALIEN	6 PRÜFUNGS-AUFGABEN

2.3 Angaben und Erläuterungen zu wesentlichen Werken

Schlaraffenland kritisierte Heinrich Mann bereits die Zustände im kaiserlichen Deutschland. Im Mittelpunkt steht, satirisch überhöht, die Geschichte eines Provinzlers in Berlin.

1905 erschien der Roman *Professor Unrat oder Das Ende eines Tyrannen.* Erzählt wird die Geschichte eines Gymnasialprofessors im kaiserlichen Deutschland, in dem Kadavergehorsam und Untertanengeist die Erziehung bestimmten.

Professor Unrat, 1905

„*Professor Unrat* – 1904 schnell und glücklich konzipiert während einer Aufführung von Goldonis La Bottega del Caffe im Teatro Alfieri Florenz. In der Pause wurde eine Zeitung verkauft, darin las ich die Geschichte, die einstmals der Blaue Engel heißen sollte."[11]

Berühmt wurde besonders der 1930 nach dem Roman gedrehte Film *Der Blaue Engel.* Die Lola wurde von Marlene Dietrich gespielt, das Drehbuch zum Film schrieb Carl Zuckmayer.

In *Die kleine Stadt* entwickelt Heinrich Mann am Beispiel einer italienischen Kleinstadt das Modell einer bürgerlichen Demokratie.[12] Vielleicht ist dieser Roman das andere Beispiel im Vergleich zu der Kleinstadt Netzig in *Der Untertan.*

Die kleine Stadt, 1909

Vier Jahre vor Ausbruch des Ersten Weltkrieges veröffentlicht Heinrich Mann seinen Essay *Geist und Tat* (1910). In der Schrift setzt sich der Autor mit den politischen Zuständen des Kaiserreichs unter Wilhelm II. auseinander. Besonders die jungen Leute verstanden den Essay „als ein politisches Bekenntnis zur Demokratie, als Aufruf zum Bündnis von Künstler und Volk gegen die Macht, zur Einheit

Essay Geist und Tat, 1910

---

11 Zitiert nach Klaus Schröter: *Heinrich Mann. Mit Selbstzeugnissen und Bilddokumenten.* Reinbek 1998. S. 62.
12 *Heinrich Mann 1871–1950,* S. 111.

2.3 Angaben und Erläuterungen zu wesentlichen Werken

von Geist und Tat."[13] Im *Untertan* verkörpert die Figur des alten Buck am ehesten den Typus von Demokraten, den sich der Schriftsteller für die Zukunft Deutschlands wünschte.

Das Werk im Schaffensprozess

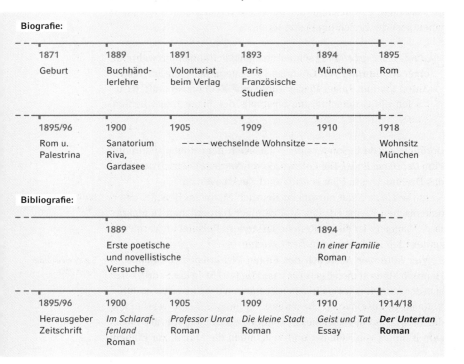

Biografie:

1871	1889	1891	1893	1894	1895
Geburt	Buchhänd-lerlehre	Volontariat beim Verlag	Paris Französische Studien	München	Rom

1895/96	1900	1905	1909	1910	1918
Rom u. Palestrina	Sanatorium Riva, Gardasee	---- wechselnde Wohnsitze ----			Wohnsitz München

Bibliografie:

	1889			1894	
	Erste poetische und novellistische Versuche			*In einer Familie* Roman	

1895/96	1900	1905	1909	1910	1914/18
Herausgeber Zeitschrift	*Im Schlaraffenland* Roman	*Professor Unrat* Roman	*Die kleine Stadt* Roman	*Geist und Tat* Essay	***Der Untertan* Roman**

---

13 *Heinrich Mann 1871–1950*, S. 120.

3. TEXTANALYSE UND -INTERPRETATION

3.1 Entstehung und Quellen

ZUSAMMEN-FASSUNG

→ 1906/07 erste Notizen
→ 1914 Vorabdruck bis zum Beginn des Ersten Weltkrieges in der Zeitschrift *Zeit im Bild*
→ 1915 erste Romanausgabe in zwei Bänden (russisch) in St. Petersburg
→ 1916 Privatdruck von 10 Exemplaren des Romans durch den Verleger Kurt Wolff
→ 1918 Erstausgabe des Romans in Deutschland im Kurt Wolff Verlag Leipzig/Wien

Anregungen für die Gestaltung des Diederich Heßling erhielt Heinrich Mann beim Besuch eines Berliner Kaffeehauses und beim Aufenthalt in einem Harzer Freiluftsanatorium.

Der Stoff spielt in Deutschland während der Regierungszeit Wilhelms II. Für diese Einordnung spricht auch der Untertitel, den Heinrich Mann ursprünglich für den Roman gewählt hatte: *Geschichte der öffentlichen Seele unter Wilhelm II.* Die erste Seite der erhaltenen Handschrift trägt noch diesen Untertitel. Später ließ der Autor den Untertitel fallen.

Entstehungsgeschichte

Der Roman hat eine komplizierte Entstehungsgeschichte. Zunächst gab es Probleme bei der poetischen Gestaltung des Textes:

3.1 Entstehung und Quellen

„Eine ganz naheliegende Zeit, wenigstens all ihr Politisch-Moralisches, in ein Buch zu bringen, das überschwemmt einen mit Stoff. Die Wirklichkeit ist eine Stütze und eine Last ..."[14]

Die Arbeiten an dem Roman gehen bis auf das Jahr 1906 zurück. In der Heinrich-Mann-Biografie von Stefan Ringel heißt es dazu:

„Wenn Heinrich Mann in diesen Jahren nicht bei Theaterproben in Deutschland engagiert war oder in München seine Mutter besuchte ..., bereiste er meist die französische und italienische Riviera: Nizza wurde sein bevorzugter Aufenthaltsort. Von dort schrieb er Mimi regelmäßig über die Fortschritte an einem Roman, über dessen Plan er schon seit einigen Jahren grübelte."[15]

Am 31. 10. 1906 beschreibt Heinrich Mann dann in einem Brief an Ludwig Ewers, wie er sich seine Hauptfigur im Roman vorstellt:

Vorbild für die Hauptfigur

„Sein Held soll der durchschnittliche Neudeutsche sein, einer, der den Berliner Geist in die Provinz trägt; vor allem ein Byzantiner bis ins allerletzte Stadium. Ich habe vor, dass er eine Papierfabrik haben soll, allmählich zum Fabrizieren patriotischer Ansichtskarten gelangt und den Kaiser auf Schlachtenbildern und in Apotheosen darstellt."[16]

Wenn man die Publikationen zur Entstehungsgeschichte des Romans verfolgt, werden immer wieder zwei Ereignisse genannt, die unmittelbar Anregungen für die Gestaltung Diederich Heßlings ge-

---

14 Zitiert nach Schröter, S. 73 f.
15 Ringel, S. 163.
16 Ringel, S. 163.

3.1 Entstehung und Quellen

geben haben. In dem Essay *Ein Zeitalter wird besichtigt* schreibt Heinrich Mann:

> „1906 in einem Café Unter den Linden betrachtete ich die gedrängte Menge bürgerlichen Publikums. Ich fand sie laut und ohne Würde, ihre herausfordernden Manieren verrieten mir ihre geheime Feigheit. Sie stürzten massig an die breiten Fensterscheiben, als draußen der Kaiser ritt."[17]

Volker Ebersbach, der sich eingehend mit Leben und Werk von Heinrich Mann beschäftigt hat, weiß über das Vorbild für die Titelfigur Folgendes zu berichten:

> „Es (das Vorbild, J. S.) gerät in einem Harzer Freiluftsanatorium ins Blickfeld des Schriftstellers ... Er erblickt die Figur, die er sofort den ‚Untertan' nannte, nackt in einem Luftbad."[18]

Von der ersten Idee zum Schreiben des Romans bis zu seinem Erscheinen auf dem Buchmarkt war es aber noch ein weiter Weg. Als Heinrich Mann den Roman vollendet hatte, galt es erst einmal, einen geeigneten Verlag zu finden. Paul Cassirer kam nun als Verleger nicht mehr infrage. Als das Manuskript für den neuen Roman vorlag, hatte Cassirer finanzielle Probleme; auch politische Vorbehalte dem Roman gegenüber mögen eine Rolle gespielt haben.[19]

> „Heinrich Mann hatte sich dafür entschieden, zuerst einmal die Reaktion der Öffentlichkeit zu testen. Vorabdrucke einzelner Ab-

Editionsgeschichte

---

17 *Heinrich Mann 1871–1950*, S. 127.
18 Ebersbach, Volker: *Heinrich Mann. Leben – Werk – Wirken.* Leipzig 1982, S. 144 f.
19 Ringel, S. 170.

3.1 Entstehung und Quellen

schnitte platzierte er in satirischen und oppositionellen Zeitschriften: 1911/12 konnte man Ausschnitte aus dem noch in Arbeit befindlichen Roman im *Simplicissimus* lesen. 1912 folgten weitere in der Zeitschrift *Licht und Schatten*, 1913 erschienen Leseproben in der Zeitschrift *März*. Bei Vortragsreisen durch Deutschland trug Heinrich Mann seit 1912 Ausschnitte vor: Meist präsentierte er die Szenen vor Gericht, Heßlings Reaktion auf eine Lohengrin-Aufführung in Netzig und Heßlings Rede bei der Einweihung des Kaiser-Wilhelm-Denkmals. Die Auswahl berücksichtigte gerade die besonders rigorosen Teile des Romans. Auf diese Weise bereitete Heinrich Mann das Erscheinen des gesamten Romans behutsam vor. Seit dem 1. Januar 1914 erschien der Roman in Fortsetzungen in der Zeitschrift *Zeit im Bild. Moderne Illustrierte Wochenschrift* für das enorme Honorar von 10.000 Reichsmark. Doch Heinrich Mann fürchtete weiterhin ein Einschreiten staatlicher Stellen ... Doch die Fortsetzungen erschienen weiterhin, bis sich im Sommer dieses Jahres die Ereignisse in Europa überschlugen."[20]

Was Heinrich Mann befürchtete, traf dann auch ein. Am 13. August 1914 erhielt er von dem Redakteur der Zeitschrift folgende Mitteilung:

„Im gegenwärtigen Augenblick kann ein großes öffentliches Organ nicht in satirischer Form an deutschen Verhältnissen Kritik üben. ... Ganz abgesehen davon dürften wir bei der geringsten direkten Anspielung politischer Natur, etwa auf die Person des Kaisers, die ärgsten Zensurschwierigkeiten bekommen."[21]

---

20 Ringel, S. 171.
21 *Heinrich Mann 1871–1950*, S. 134.

3.1 Entstehung und Quellen

Der Erste Weltkrieg war ausgebrochen und an eine weitere Veröffentlichung des Romans in Deutschland war nicht mehr zu denken. Da ist es schon ein Kuriosum, dass das Werk als Buchausgabe erstmalig 1915 in Russisch herausgegeben wurde. Das Buch erschien in zwei Bänden: Band I unter dem Titel *Macht* und Band II unter dem Titel *Karriere*.[22]

Inzwischen hatte Heinrich Mann den Verlag von Kurt Wolff in Leipzig für die Herausgabe seiner *Gesammelten Romane und Novellen* gewonnen. Im April 1916 teilte Kurt Wolff dem Verlagsdirektor Georg Heinrich Meyer nach der Lektüre von *Der Untertan* sein Urteil mit:

„Hier ist der Anfang einer Fixierung deutscher Zustände, die uns – zumindest seit Fontane – völlig fehlt. Hier ist plötzlich ein Werk, groß und einzig, das ausgebaut für die deutsche Geschichte und Literatur sein könnte, was Balzacs Werk für das erste, Zolas für das zweite Kaiserreich waren."[23]

Stützen der Gesellschaft. Gemälde von George Grosz, 1926

Vorerst plante Kurt Wolff eine Veröffentlichung des Romans aus politischen Gründen nach Kriegsende. Privatdrucke wurden allerdings an Persönlichkeiten des öffentlichen Lebens – etwa 10 Exemplare – schon damals versandt. Nach dem Ende des Krieges und dem Zusammenbruch des Kaiserreiches konnte der Roman dann endlich 1918 als deutsche Buchausgabe im Verlag von Kurt Wolff erscheinen.

---

22 Hocke, Brigitte: *Heinrich Mann*. Leipzig 1983, S. 56.
23 *Heinrich Mann 1871–1950*, S. 137.

1 SCHNELLÜBERSICHT	2 HEINRICH MANN: LEBEN UND WERK	3 TEXTANALYSE UND -INTERPRETATION

3.2 Inhaltsangabe

3.2 Inhaltsangabe

ZUSAMMEN-FASSUNG

Der Roman spielt während der Regierungszeit Kaiser Wilhelms II. Im Mittelpunkt des Romans steht Diederich Heßling, seine Kindheit, sein Studium in Berlin und schließlich sein Aufstieg zum mittelständischen Unternehmer in seiner Heimatstadt Netzig. Der Untertan Diederich Heßling sieht in Kaiser Wilhelm II. sein großes Vorbild. Nach oben buckeln und nach unten treten, damit sichert er sich Macht und Einfluss als Unternehmer und als Persönlichkeit im politischen Leben von Netzig. Kontrastfiguren zu Heßling sind der Rechtsanwalt Wolfgang Buck und dessen Vater, der alte Buck.

Diederich Heßling studiert in Berlin und begegnet Kaiser Wilhelm II.
(1. Kapitel)

Diederichs Schulzeit

„Diederich Heßling war ein weiches Kind, das am liebsten träumte, sich vor allem fürchtete und viel an den Ohren litt." (HL S. 5/F S. 9) Diederich ist ein eigenartiges Kind. Er empfindet die Strenge des Vaters, der ihn häufig mit Stockschlägen bestraft, als gerecht; er akzeptiert schon als Kind vorbehaltlos die Machtausübung der Stärkeren. Das hält ihn aber nicht davon ab, schadenfroh in die Hände zu klatschen, als der Vater die Treppe herunterfällt. Obwohl die Mutter ihn verwöhnt – sie ist etwas naiv und gefühlsduselig – liebt er sie nicht, sondern versucht an ihr seine Macht auszuprobieren, indem er sie beim Vater häufig anschwärzt. Diese Haltung zeigt er dann auch in der Schule. Er verehrt die strengen Lehrer und verachtet die gutmütigen. Gegenüber seinen Schwestern spielt er gerne den gestrengen Lehrer, der kleine Fehler unnachsichtig

3.2 Inhaltsangabe

bestraft. Den einflussreichen Schülern seiner Klasse unterwirft er sich ohne Gegenwehr. Wenn es allerdings darum geht, Intrigen anzuzetteln oder den einzigen Juden in der Klasse zu drangsalieren, findet sich Diederich immer an erster Stelle. Es ist nur logisch, wenn er sich mit dieser Haltung schnell bei den Lehrern als Spitzel andient. Das hindert ihn allerdings nicht daran, scheinheilig mit seinen Opfern im Biergarten das Lied vom guten Kameraden zu singen.

Diederich beendet seine Schulzeit ohne herausragende Leistungen. Er beginnt ein Chemiestudium an der Universität in Berlin. Im Hause des Geschäftsfreundes seines Vaters, den er mit einem Empfehlungsschreiben aufsucht, lernt er die Tochter des Hauses, Agnes Göppel, kennen. Widerstrebend und zaghaft nähert er sich ihr, besucht mit ihr ein Konzert und macht kleine Geschenke.

Diederich Heßling und Agnes Göppel

Bei Göppels begegnet Diederich auch dem älteren Studenten Mahlmann. Dieser wohnt bei Göppels und Diederich erkennt bald, dass er sich dem überlegenen Mahlmann unterwerfen muss. Um sich dem Einfluss von Agnes und Mahlmann zu entziehen, bezieht Diederich Heßling eine neue Wohnung in einem anderen Stadtteil von Berlin. Durch Vermittlung seines ehemaligen Schulkameraden Gottlieb Hornung nimmt er Verbindung zu der Studentenverbindung Neuteutonia auf. Dort fühlt er sich bald zu Hause, die Umgangsformen untereinander sind reglementiert und alles geschieht auf Kommando: das Trinken, das Singen, das Sprechen.

So wird er schließlich Mitglied der Neuteutonia und Leibfuchs des Juristen Wiebel. Im Laufe der Jahre dient sich Diederich bei den Neuteutonen hoch und wird nun selbst Vorbild für die jungen Studenten, denen er den Komment vermittelt. Ein einschneidendes Ereignis im Leben Diederich Heßlings ist der Tod des Vaters. Diederich wird zum Vormund für seine Schwestern bestellt. Nach dem Studium tritt er zunächst seinen einjährigen Militärdienst in

Bei den Neuteutonen

3.2 Inhaltsangabe

Berlin an. Er versucht aber bald, ein Attest von seinem Hausarzt in Netzig zu erhalten, das ihm die Untauglichkeit für den Militärdienst bescheinigen soll. Doch Dr. Heuteufel verweigert ihm die Bescheinigung. Über einen alten Herrn der Neuteutonia, der wiederum einen Stabsarzt kennt, wird er schließlich doch vom Militärdienst befreit. Das hält ihn aber nicht davon ab, am Stammtisch der Neuteutonen Lügenmärchen über die Gründe zu erzählen, die zu seiner Ausmusterung führten. In dieser Zeit wird er auch durch die Konservativen Wiebel und von Barnick mit antisemitischen und antisozialdemokratischen Anschauungen vertraut gemacht.

Begegnung mit Kaiser Wilhelm II.

Im Februar 1892 wird Diederich Augenzeuge einer Arbeitslosendemonstration Unter den Linden. Er erlebt auch den Auftritt des jungen Kaisers Wilhelm II., dem er begeistert hinterherläuft. In der Nähe des Brandenburger Tores steht er auf einem Reitweg plötzlich allein dem Kaiser gegenüber. Zunächst vermutet der Kaiser in ihm wohl einen Attentäter, er erkennt aber dann schnell den unterwürfigen Untertan. Diederich verliert bei dem Vorfall die Übersicht und landet in einem Tümpel am Wegesrand.

> „Auf dem Pferd dort, unter dem Tor der siegreichen Einmärsche und mit Zügen, steinern und blitzend, ritt die Macht!" (HL S. 44/F S. 63)

Diederich bricht sein Eheversprechen und lässt sich den Schnurrbart nach dem Vorbild des Kaisers formen (2. Kapitel)

Liebesverhältnis Diederich – Agnes

„Auf einer Bank saß eine Dame; Diederich ging ungern vorüber. Noch dazu starrte sie ihm entgegen. ‚Gans‘, dachte er zornig. Da sah er, dass sie ein tief erschrockenes Gesicht hatte, und dann erkannte er Agnes Göppel." (HL S. 46/F S. 65) Beide begeben sich in Diederichs Wohnung, wo Agnes ihm ihre Liebe offenbart und es daraufhin zur ersten intimen Beziehung zwischen ihnen kommt. Diederich bekennt sich danach zu seiner Verantwortung für das Vorgefallene.

Das Liebesverhältnis bleibt zunächst einige Zeit erhalten. Es wird allerdings nur von Agnes intensiv gefördert, während Diederich es weit nüchterner betrachtet. Den Höhepunkt ihrer Beziehung erleben beide bei einem Landausflug nach Mittenwalde. Das intime Zusammensein in dem Landgasthof führt bei Diederich fast zu einem Eheversprechen. Bei einer Kahnfahrt auf dem See werden beide von ihrem Gefühl übermannt, für einen Augenblick scheinen sie bereit, gemeinsam in den Tod zu gehen. Später bereut Diederich seinen Gefühlsausbruch.

In der nun folgenden Zeit in Berlin reagiert Diederich kaum noch auf das unglückliche Werben von Agnes. Um sich ihr weiter zu entziehen, wechselt er erneut seinen Wohnsitz. In der neuen Studentenwohnung sucht ihn Herr Göppel auf, um ihn zu einem Eheversprechen zu bewegen. Scheinheilig weist Diederich den ehemaligen Geschäftsfreund seines Vaters zurück.

Nach diesem Lebensabschnitt fühlt sich Diederich in seiner Persönlichkeit gefestigt. Er beschließt, nun in seiner Heimatstadt Netzig mit aller Härte für Veränderungen zu sorgen. Als äußeres Zeichen seiner konservativen Haltung lässt er sich beim Hoffriseur Haby den Schnurrbart nach dem Vorbild Kaiser Wilhelms II. formen.

Diederich übernimmt die Fabrik in Netzig und beginnt seinen Aufstieg zur Macht
(3. Kapitel)

Während der Bahnfahrt von Berlin nach Netzig lernt er die Verlöbte von Wolfgang Buck kennen. Sie heißt Guste Daimchen, ist ein rundliches Mädchen, von dem Diederich sofort beeindruckt ist. In Netzig angekommen, wird Diederich nun Oberhaupt der Familie

Chef der Familie und der Fabrik

3.2 Inhaltsangabe

Heßling und übernimmt auch offiziell die Leitung der väterlichen Papierfabrik. Zwölf Arbeiter, drei Kontoristen, der Buchhalter Sötbier und einige Lumpensortiererinnen gehören zur Belegschaft. In der ersten Rede vor den Arbeitern und Angestellten spricht er von einem neuen straffen Leitungsstil und von seinen großen Plänen für die Fabrik und für Netzig. Die Sozialdemokraten bezeichnet er als Betriebs- und Vaterlandsverräter. Da muss er sich zunächst mit seinem Maschinenmeister, dem Sozialdemokraten Napoleon Fischer, auseinandersetzen. Auch die Liberalen im Ort, unter ihnen der geachtete alte Herr Buck, der Landgerichtsrat Kühlemann sowie der Papierfabrikant Klüsing, sieht er als politische Gegner an. Seine erste Auseinandersetzung führt er mit Napoleon Fischer, dem er kündigt, ihn dann aber wegen der Angst vor einem Streik in seiner Fabrik wieder einstellt.

Die politischen Gegner

Trotz seiner Vorbehalte gegenüber dem alten Buck sucht er zuerst diesen bei seinen Antrittsbesuchen auf. Diederich hat gelernt, bei Gesprächen mit Kontrahenten immer schnell seine Meinung zu ändern, wenn ihm das Vorteile verspricht. So ist es auch bei dem Besuch beim alten Buck. Er kann sich nach anfänglichem Widerspruch den Ansichten des alten Herrn nicht entziehen und versichert ihn am Ende des Gesprächs seiner Liberalität. Beim Bürgermeister lernt er den Assessor Jadassohn näher kennen, der bei der Staatsanwaltschaft arbeitet. Jadassohn offenbart sich als Gegner der Liberalen und entschiedener Antisemit. Auch hier versucht sich Diederich zunächst nicht festzulegen. Er versichert beim Abschied dem Bürgermeister, dass er trotz mancher Sympathien für Jadassohn durchaus liberal denke. Diederich fühlt sich auch deshalb Jadassohn verbunden, weil der ebenfalls Neuteutone war.

Besuch beim alten Buck

Sympathie für Assessor Jadassohn

Zusammen mit dem Assessor und dem Pfarrer begibt sich Diederich zum Ratskeller. Unterwegs begegnen sie Guste Daimchen. „Die oder keine", denkt Diederich nach dem kurzen Wiedersehen.

| 4 REZEPTIONS-GESCHICHTE | 5 MATERIALIEN | 6 PRÜFUNGS-AUFGABEN |

3.2 Inhaltsangabe

Auch die Mitglieder der Freimaurerloge, an deren Haus man vorbeikommt, gehören für Diederich zu den politisch Verdächtigen. Dr. Heuteufel, Fabrikant Lauer, Warenhausbesitzer Cohn und Landgerichtsrat Fritzsche sind ebenfalls Mitglieder der Bruderschaft.

Während des Dämmerschoppens im Ratskeller fällt vor der Villa des Regierungspräsidenten von Wulckow ein Schuss. Bei einer Demonstration wird ein Arbeiter aus Diederichs Fabrik, den er bereits entlassen hatte, von dem Posten vor dem Haus erschossen. Die Geliebte des Arbeiters will die Leiche nicht verlassen, daraufhin verdächtigt Jadassohn das Mädchen, an dem „Aufstand" beteiligt zu sein. Es kommt zu einem heftigen Wortwechsel zwischen Jadassohn und Lauer. Im Ratskeller wird die Auseinandersetzung fortgesetzt. Es bilden sich zwei Lager: die Liberalen und die national Gesinnten. Zu Letzteren gehört auch Diederich, der im Ergebnis des Streites den Fabrikanten Lauer wegen Majestätsbeleidigung anzeigt. Jadassohn wird die Anklage vertreten.

Ein Arbeiter wird erschossen

Am Schluss des Kapitels überlässt Diederich dem Redakteur der Netziger Zeitung ein fingiertes Telegramm des Kaisers, der den Soldaten, der den tödlichen Schuss abgefeuert hat, angeblich zum Gefreiten befördert.

„Das Volk muss die Macht fühlen! Das Gefühl der kaiserlichen Macht ist mit einem Menschenleben nicht zu teuer bezahlt!" (HL S. 102/F S. 144)

Aus dem Prozess wegen Majestätsbeleidigung geht Diederich als Sieger hervor
(4. Kapitel)

Es sah so aus, als wenn sich Diederich bei der Anzeige des Fabrikanten Lauer wegen Majestätsbeleidigung zu weit vorgewagt hätte. Einige seiner Zechbrüder aus dem Ratskeller stehen nicht mehr zu ihm. Es könnte auch Schwierigkeiten mit der Telegramm-Fälschung (Kaiser-Telegramm wg. Beförderung) geben. Die Angelegenheit löst sich jedoch zu Diederichs Gunsten.

Wirtschaftliche Sorgen

Es gibt aber auch wirtschaftliche Sorgen: Durch den Kauf des neuen Holländers (Zerkleinerungsmaschine für Papier) hat sich Diederich erheblich verschuldet, er musste sogar einem Drittel der Belegschaft kündigen, auch die erhoffte Mitgift bei einer Heirat mit Guste Daimchen ist weit geringer als angenommen. Als der neue Holländer geliefert wird, versucht Diederich durch Reklamation den Preis zu drücken. Die Firma schickt den Prokuristen Kienast zur Prüfung des Sachverhalts. Obwohl sich dieser mit Diederichs Schwester Magda verlobt, kommt es zu harten Verhandlungen um den Rabatt für die Lieferung – und um die Mitgift für Magda.

Der Prozess

Auf einem Spaziergang trifft Diederich den Sohn des alten Buck, Wolfgang Buck, der als Rechtsanwalt den Fabrikanten Lauer im Prozess wegen Majestätsbeleidigung vertritt. Nach all den bisherigen Misshelligkeiten kommt für Diederich während des Prozessverlaufes langsam die Wende zum Guten. Zunächst trägt Jadassohn eine scharfe Anklage gegen Lauer vor; Wolfgang Buck verteidigt den Angeklagten eindrucksvoll. Diederich, der ein Gespür für die Veränderung der Situation zu seinen Gunsten hat, geht wieder zum verbalen Angriff über. Selbst der Verteidiger ist von Diederichs Rede bei der Zeugenaussage beeindruckt.

Diederich verlässt als Sieger den Gerichtssaal; Herr Lauer wird zu 6 Monaten Gefängnis verurteilt. Auch geschäftlich geht es nach dem Prozess für Diederich wieder bergauf. Viele, die zu ihm auf Distanz gegangen waren, versuchen nun, seine Gunst zurückzugewinnen. So bezeugt der Kriegerverein wieder Interesse für ihn und auch Regierungspräsident Wulckow bringt ihm wieder Wohlwollen entgegen.

3.2 Inhaltsangabe

„Der Regierungspräsident hatte den Kriegerverein mit seinem
Besuch beehrt und sich gewundert, den Doktor Heßling nicht
dort zu finden. Da ward Diederich es inne, was für eine Macht
er war. Er handelte demgemäß." (HL S. 174/F S. 244 f.)

Diederich festigt seine Macht in Netzig und heiratet Guste Daimchen
(5. Kapitel)

„Noch schwellten solche Hochgefühle Diederichs Brust, da beka-
men Emmi und Magda eine Einladung von Frau von Wulckow,
nachmittags zum Tee." (HL S. 176/F S. 247) Die Schwestern sollen beim Fest der „Harmonie" in einem Theaterstück der Frau von
Wulckow mitspielen. Als Diederich Guste Daimchen seine Fabrik
zeigt, erfährt er, dass deren Erbe nicht 50.000 Reichsmark, sondern 350.000 Reichsmark beträgt. Intime Annäherungsversuche
während des Rundgangs weist Guste zurück.

*Diederich um-
wirbt Guste
Daimchen*

Dann kommt das Gerücht auf, dass Guste Daimchen das unehe-
liche Kind des alten Buck und demnach ihr Verlobter, Wolfgang
Buck, ihr Stiefbruder sei. In der Folgezeit bemüht sich Diederich
weiter um Verbündete. Er macht sich für Herrn von Wulckow nützlich und wirbt scheinheilig um die Gunst des alten Buck, der Diederich seine Unterstützung bei der Bewerbung für das Amt eines
Stadtverordneten zusagt.

Als Diederich in einem Zimmer Käthchen Zillich sexuell be-
drängt, werden die beiden von Guste Daimchen überrascht.
Käthchen Zillich geht zur Offensive über und fragt Guste, ob das
Gerücht über ihre Herkunft stimme. Als Ergebnis der Auseinandersetzung kommt Guste Daimchen zu der Einsicht, dass Diederich
doch wohl der rechte Mann für sie ist.

Käthchen Zillich

Mit Napoleon Fischer verständigt sich Diederich über die gegen-
seitige Unterstützung bei der Bewerbung um das Amt als Stadtver-

3.2 Inhaltsangabe

ordneter. Nicht so erfolgreich entwickelt sich das Verhältnis zum Regierungspräsidenten von Wulckow. Als Diederich ihm dreist einen Spekulationsgewinn beim Kauf eines Grundstücks anbietet, ist von Wulckow entrüstet. Er sieht in dem Verhalten Diederichs den Tatbestand der Beamtenbestechung.

Inzwischen hat Wolfgang Buck die Verlobung mit Guste Daimchen gelöst. Sie ist nun frei für Diederich und es kommt zur Verlobung des neuen Paares. Als die Verlobten eine Lohengrin-Aufführung besuchen, geht es Diederich nicht um den Kunstgenuss, sondern um die Frage, ob die Aufführung nationalen Erfordernissen Rechnung trage.

Hochzeit und Ordensverleihung

Am Tag der Hochzeit bekommt das Paar Besuch vom Premierleutnant a. D. Karnauke. Diederich wird genötigt, sein Grundstück unter Wert zu verkaufen. Karnauke fungiert als Mittelsmann im Auftrag des Regierungspräsidenten von Wulckow. Nachdem der Vertrag beim Notar besiegelt ist, erhält Diederich während der Hochzeitsfeier von Karnauke den Kronenorden vierter Klasse verliehen. Diederich ist beglückt. Zufrieden begibt er sich mit Guste auf die Hochzeitsreise.

Die Hochzeitsnacht

„‚Bevor wir zur Sache selbst schreiten‘, sagte er abgehackt, ‚gedenken wir Seiner Majestät unseres allergnädigsten Kaisers. Denn die Sache hat den höheren Zweck, dass wir Seiner Majestät Ehre machen und tüchtig Soldaten liefern.‘“ (HL S. 258/F S. 361)

Diederich klärt Familienangelegenheiten, wird Generaldirektor und hält die Rede zur Denkmalseinweihung
(6. Kapitel)

Zweite Begegnung mit dem Kaiser

Bei der Hochzeitsreise in Zürich erfährt das Paar, dass der Kaiser zu einem Staatsbesuch nach Italien kommt. Sofort beschließt Diederich, ebenfalls nach Italien zu reisen, um den Kaiser zu treffen, und er schafft es: Auf dem Bahnhofsvorplatz in Rom begegnet er zum zweiten Mal seinem Kaiser. Mit gezogenem Hut und Beifallsrufen begleitet er die kaiserliche Droschke. So währt es auch in den folgenden Tagen, immer bleibt Diederich dem Kaiser auf den Fersen, er hält sogar Wache vor der Residenz Wilhelms II., sodass man schon annimmt, er gehöre zur Delegation des Kaisers. Als der Kaiser nach Deutschland zurückkehrt, bricht auch das Ehepaar Heßling die Hochzeitsreise ab.

Diederich will sich jetzt in Netzig vor allem dem Wahlkampf widmen. Es geht darum, wer aus Netzig in den Reichstag gewählt wird. Für die Freisinnigen bewirbt sich Dr. Heuteufel, für die Sozialdemokraten Napoleon Fischer. Beide haben zunächst gute Chancen. Die Nationalen mit Diederich an der Spitze favorisieren nach einigen faulen Kompromissen den Sozialdemokraten Fischer. Aber es gibt Schwierigkeiten für Diederich im Wahlkampf. Vor allem der alte Buck verdächtigt ihn, mit seinen politischen Zielen auch wirtschaftliche Vorteile anzustreben. Selbst der Pakt mit Napoleon Fischer funktioniert nicht so, wie er es sich wünscht.

Wahlkampf Diederichs in Netzig

Als Familienoberhaupt hat er ebenfalls Probleme. Er muss nun am eigenen Leib erfahren, was er seinerzeit Herrn Göppel bei der Agnes-Affäre angetan hat. Seine Schwester Emmi hat ein Verhältnis mit Leutnant von Brietzen. Er bringt Diederich gegenüber zum Ausdruck, dass Emmi für ihn aus moralischen Gründen als Gattin nicht infrage kommt. Um Emmi aus dem Wege zu gehen, lässt er sich aus Netzig versetzen. Inzwischen ist der Wahltag herangekommen. Es gibt ein Stechen zwischen Dr. Heuteufel von den Freisinnigen und dem Sozialdemokraten Napoleon Fischer.

Familienangelegenheiten

Diederich verbreitet ein Korruptionsgerücht, um die Freisinnigen zu diskreditieren. Zunächst hat das keinen Erfolg, dann aber gelingt es Fischer doch, mithilfe der Nationalen den Sieg zu sichern.

Nun kann Diederich auch für sich weitere Erfolge verbuchen. So wird das Kaiser-Wilhelm-Denkmal bewilligt und zu einem besonders günstigen Preis kann Diederich Aktien der Gausenfeld-Papierfabrik erwerben. Eine Folge dieser Transaktion ist, dass Diederich Heßling zum Generaldirektor des Unternehmens berufen wird und der alte Buck an wirtschaftlicher und politischer Macht verliert. Zu Hause hat Diederich allerdings erneut einen Skandal zu befürchten. In der Familie tauchen pornografische Briefe auf. In letzter Minute wird Gottlieb Hornung als Sündenbock gefunden. Nach einem inszenierten Sanatoriumsaufenthalt stattet ihn Diederich mit finanziellen Mitteln aus, damit er fern von Netzig sein Leben neu ordnen kann.

Die Festrede

Diederich sieht es als große Ehre an, dass er die Festrede zur Einweihung des Kaiser-Wilhelm-Denkmals halten soll. Als es so weit ist, bricht ein Unwetter aus. Diederich flüchtet unter das Rednerpult und erhält dort aus den Händen des Schutzmannes den Wilhelmsorden.

Nach der Feier, auf dem Heimweg, findet er die Tür zum Haus der Familie Buck geöffnet. Er tritt ein und sieht, wie die Familie Abschied von Herrn Buck nimmt, der im Sterben liegt. Diederich entfernt sich unerkannt.

3.3 Aufbau

ZUSAMMEN-
FASSUNG

In chronologischer Folge werden die einzelnen Lebensabschnitte des Diederich Heßling in sechs Kapiteln dargestellt. In jedem Kapitel erhellen einzelne Episoden besonders eindrucksvoll den Weg der Hauptfigur zum bedingungslosen Untertan Seiner Majestät und zum erbarmungslosen Familientyrannen sowie zum eiskalten Machtpolitiker im gesellschaftlichen Leben Netzigs.

Grundstruktur des Romans/Übersicht

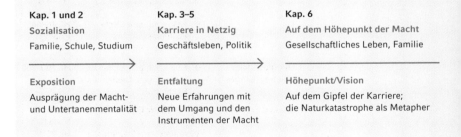

Kap. 1 und 2
Sozialisation
Familie, Schule, Studium

Exposition
Ausprägung der Macht-
und Untertanenmentalität

Kap. 3–5
Karriere in Netzig
Geschäftsleben, Politik

Entfaltung
Neue Erfahrungen mit
dem Umgang und den
Instrumenten der Macht

Kap. 6
Auf dem Höhepunkt der Macht
Gesellschaftliches Leben, Familie

Höhepunkt/Vision
Auf dem Gipfel der Karriere;
die Naturkatastrophe als Metapher

(Die Grundstruktur entspricht der ursprünglich von Heinrich Mann geplanten Herausgabe des Romans in zwei Bänden, Band 1: *Karriere*; Band 2: *Macht*)

3.3 Aufbau

Übersicht zur Struktur und Chronologie der einzelnen Kapitel

KAPITEL	STRUKTURELEMENT	EREIGNIS	SEITE
1	Familiensozialisation	→ Abstrafung durch den Vater	HL 5/F 9
		→ Tyrannisierung der Mutter und der Schwestern	HL 6/F 11 HL 8/F 13
	Schulsozialisation	→ der Rohrstock als Symbol der Macht	HL 8/F 13
		→ Erniedrigung eines jüdischen Schülers	HL 9/F 15
	Berlin-Aufenthalt/ der „Bildungsgang"	→ Demütigung durch Mahlmann	HL 16/F 24
		→ Machtausübung gegenüber jungen Korpsstudenten	HL 26/F 39
		→ die Kaiser-Episode	HL 44 f./ F 63 f.
		→ Festigung moralischer Positionen, Agnes-Episode	HL 46–66/ F 65–93
2	Abschluss des „Bildungsganges"	→ Festigung politischer Anschauungen, Diederichs Bekenntnis	HL 70/F 100
3	Aufstieg in Netzig	→ Herr über Fabrik und Familie	HL 74 ff./ F 105 ff.
		→ Agitator am Stammtisch	HL 91 ff./ F 129 ff.
		→ Eiferer gegen den Umsturz	HL 102 ff./ F 144 ff.
		→ gegen Majestätsbeleidigung	HL 104/F 147
		→ das Kaiser-Telegramm	HL 111 ff./ F 157 ff.

4 REZEPTIONS-GESCHICHTE	5 MATERIALIEN	6 PRÜFUNGS-AUFGABEN

3.3 Aufbau

KAPITEL	STRUKTURELEMENT	EREIGNIS	SEITE
4	Neue Erfahrungen im Umgang mit den Instrumente der Macht	→ geschickter Familien-politiker	HL 142 f./ F 200 f.
		→ die Gerichtsrede	HL 161 f./ F 229 f.
		→ neue Geschäftsverbin-dungen	HL 173 f./ F 243 f.
	Intrige, Korrup-tion, Demagogie	→ Aufnahme in den Krieger-verein	HL 174 f./ F 244 f.
5	Festigung der fami-liären, politischen und wirtschaft-lichen Macht	→ Aufwartung beim alten Buck	HL 212 ff./ F 298 ff.
		→ Umgang mit dem Regie-rungspräsidenten	HL 233 ff./ F 329 ff.
		→ Zweckbündnis mit Napo-leon Fischer	HL 229 ff./ F 321 ff.
		→ Verlobung mit Guste Daimchen	HL 245 f./ F 344 f.
		→ Preisdiktat des Regie-rungspräsidenten beim Grundstücksverkauf	HL 253 ff./ F 355 ff.
6	Höhepunkt der Karriere; Vision des alten Buck	→ der Untertan und sein Kaiser in Italien	HL 259 f./ F 364 f.
		→ Erfolg im Wahlkampf	HL 297 f./ F 418 f.
		→ Entmachtung des alten Buck	HL 305 f./ F 428 f.
		→ Dr. Diederich Heßling wird Generaldirektor	HL 309 f./ F 432 f.
		→ Sieg im Familienkrieg bei der Brief-Affäre	HL 312 f./ F 440 f.
		→ Festrede bei der Denk-malseinweihung; Ordens-verleihung	HL 332 ff./ F 465 ff.
		→ Vision des alten Buck	HL 340 f./ F 477 f.

DER UNTERTAN

| 1 | SCHNELLÜBERSICHT | 2 | HEINRICH MANN: LEBEN UND WERK | 3 | TEXTANALYSE UND -INTERPRETATION |

3.4 Personenkonstellation und Charakteristiken

3.4 Personenkonstellation und Charakteristiken

**ZUSAMMEN-
FASSUNG**

Heinrich Mann hat seinen Roman *Der Untertan* mit einem weit verzweigten Figurenensemble ausgestattet. Alle Protagonisten gruppieren sich in den einzelnen Episoden um die Hauptfigur, die so immer im Blickpunkt des Lesers bleibt.

Im Einzelnen gehen wir auf sechs Personen ein, die das Figurenensemble dominieren:

Diederich Heßling:
→ einerseits feige und unterwürfig, andererseits kalt und brutal
→ Ausprägung dieser Charaktereigenschaften beim Studium und beim Militär
→ Provokation und skrupelloses Handeln für die Karriere in Netzig
→ männlich-autoritär im Verhalten gegenüber Frauen

Wolfgang Buck:
→ verkörpert humanistische Werte
→ unentschlossen und wenig kämpferisch in der Auseinandersetzung
→ resigniert schließlich

Der alte Buck:
→ liberal-demokratisch
→ integre Persönlichkeit
→ visionär

4 REZEPTIONS-GESCHICHTE	5 MATERIALIEN	6 PRÜFUNGS-AUFGABEN

3.4 Personenkonstellation und Charakteristiken

Napoleon Fischer:
→ nur auf eigenen Vorteil bedacht

Dr. Jadassohn:
→ kaisertreu, national-konservativ
→ karrieristisch, eitel

Guste Daimchen:
→ vermögend, selbstbewusst
→ egoistisch
→ kaisertreue Gattin und Hausfrau

Familie

Vater (Kap. 1)
Mutter (Kap. 1; 3)
Schwestern:
Emmi (Kap. 1; 3)
Magda (Kap. 5; 6)

Intelligenz

Der alte Herr Buck
(Kap. 1; 3; 5; 6)
Wolfgang Buck
(Kap. 2; 4; 5; 6)
Prof. Kühnchen
(Kap. 3)
Dr. Heuteufel
(Kap. 1; 6)
Pastor Zillich
(Kap. 3)
Redakteur
Nothgroschen
(Kap. 3)

Heßlings Fabrik

Sötbier, Buchhalter (Kap. 3; 5)
Napoleon Fischer, Maschi-
nenmeister/Sozialdemokrat
(Kap. 3; 5; 6)

Diederich Heßling

Frauen

Guste Daimchen (Kap. 3; 5)
Agnes Göppel (Kap. 1; 2)
Käthchen Zillich (Kap. 4)

Staatsmacht/Militär

Regierungspräsident von
Wulckow (Kap. 5)
Staatsanwalt Dr. Jadassohn
(Kap. 3; 4)
Bürgermeister Dr. Scheffel-
weis (Kap. 3)
Premierleutnant a. D. Karnauke
Major Kunze (Kap. 3)

Adel

von Wulckow (Kap. 5)
von Brietzen (Kap. 6)
von Barnick (Kap. 1)

Unternehmer

Göppel (Kap. 1; 2)
Klüsing (Kap. 3; 6)
Lauer (Kap. 3; 4)

DER UNTERTAN

3.4 Personenkonstellation und Charakteristiken

Charakterisierungen der Hauptfiguren
Diederich Heßling

Werner Peters als Diederich Heßling in dem DEFA-Spielfilm *Der Untertan* von 1951

Tyrannisierung der Schwächeren

Unterordnung unter die Stärkeren

Feige Unterwürfigkeit gegenüber allen Mächtigen und Stärkeren sowie Kälte und Brutalität im Verhalten zu Schwächeren und Untergebenen sind die bestimmenden Charakterzüge des Diederich Heßling als Untertan des Kaisers auf dem Wege zur Macht.

Mit eindrucksvollen Worten skizziert Heinrich Mann den schwächlichen Sohn eines Netziger Papierfabrikanten auf den ersten Seiten des Romans. Das Verhalten des Kindes weist bereits viele Verhaltensweisen auf, die sich in seinem Entwicklungsgang zum Untertan und Tyrannen immer stärker ausprägen.

Die Mutter und die Geschwister lobt oder straft er, immer die jeweilige Situation geschickt ausnutzend: Die Mutter verpetzt er beim Vater, die Schwestern bestraft er grausam, wenn sie beim Diktat Fehler machen. In der Schule unterwirft er sich den Lehrern und denunziert Mitschüler. Triumphierend zwingt er den einzigen jüdischen Mitschüler, vor dem Kreuz niederzuknien.

In Berlin empfindet Diederich die Mitgliedschaft bei den Neuteutonen und seine kurze Militärzeit als „das Aufgehen im großen Ganzen!" (HL S. 35/F S. 51) Er ordnet sich auch hier den Stärkeren unter und nimmt an der Macht teil, wenn es die Umstände erlauben. Am Ende seines Berliner Bildungsganges haben sich seine politischen und moralischen Anschauungen bereits gefestigt. Sein Aufstieg zur Macht in Netzig kann auf Charakterzüge aufbauen, die bereits in der Kindheit, der Schulzeit und während des Studiums angelegt sind.

| 4 REZEPTIONS- GESCHICHTE | 5 MATERIALIEN | 6 PRÜFUNGS- AUFGABEN |

3.4 Personenkonstellation und Charakteristiken

Mit unnachgiebiger Härte und hohlen Phrasen, häufig den Reden des Kaisers entlehnt, verschafft sich Diederich in der Familie und im Betrieb die notwendige Autorität.

Während der Antrittsbesuche bei den Honoratioren in Netzig ist er bemüht, die politischen und wirtschaftlichen Machtkonstellationen in der Stadt zu sondieren. Zunächst ist er vorsichtig – unsicher, wie er sich verhalten soll. Er passt sich an. Deshalb behandelt er seinen späteren Gegner, den alten Buck, zuvorkommend, er widerspricht ihm nur zaghaft. Den Nationalen und Konservativen fühlt sich Diederich von Anfang an verbunden. Sie bilden die kaisertreue Stammtischrunde im Ratskeller. Zu dieser Runde gehören Assessor Jadassohn, Pastor Zillich, Gymnasialprofessor Kühnchen und Major Kunze. In dem Fabrikanten Lauer sieht Diederich einen Konkurrenten, den er wegen Majestätsbeleidigung vor Gericht bringt. Nach seiner Verurteilung sind Lauer alle wirtschaftlichen und politischen Einflussmöglichkeiten in Netzig genommen. Diederichs Macht ist gefestigt. In dem Gerichtsprozess gewinnt er auch das Duell gegen seinen Widerpart, den Rechtsanwalt Wolfgang Buck. Er ist die Kontrastfigur zu Diederich Heßling, der nicht die Macht verkörpert, sondern den Geist.

Provokationen und skrupelloses Handeln sind die Instrumente in der Auseinandersetzung, die Diederich meisterhaft beherrscht. Sein endgültiger Sieg im Kampf um die Macht ist aber gefährdet, solange es nicht gelingt, den Vertreter der Sozialdemokratie mit ins nationale Boot zu holen. Gerade im Verhältnis zu dem Sozialdemokraten Napoleon Fischer wird deutlich, wie schnell Diederich seinen politischen Standpunkt ändert, um möglichst viel Einfluss zu gewinnen. Er schließt am Ende mit Napoleon Fischer einen politischen Pakt (Mandat zu den Reichstagswahlen), der beiden die gewünschte Einflussnahme sichert. Allein den Regierungspräsidenten von Wulckow vermag Diederich nicht zu täuschen. Für Diederich ist

Provokationen und skrupelloses Handeln

3.4 Personenkonstellation und Charakteristiken

von Wulckow der Vertreter der Macht, dem er sich sofort unterwirft, obwohl ihn die Demütigung durch Wulckow tief kränkt. Er erkauft sich schließlich die Gunst des Regierungspräsidenten, indem er ihm ein Grundstück sehr günstig überlässt. Damit ist auch von dieser Seite her Diederichs weiterer Aufstieg zur Macht abgesichert.

Männlich-autoritär

Auch in seinen Beziehungen zu den Frauen setzt Diederich seine Vorstellungen und Pläne durch. In seiner Kindheit erfährt Diederich, dass seine Mutter eine Reihe von Eigenschaften hat, die den seinen ähnlich sind (gefühlsselig, weich, ängstlich, autoritätsgläubig). Gerade weil sie ihm ähnlich ist, hasst er sie und versucht, sich ihr gegenüber männlich-autoritär durchzusetzen. Nach dem Tod des Vaters ordnet sich die Mutter widerstandslos dem neuen Familienoberhaupt unter.

Guste Daimchen gegenüber fühlt er sich zunächst unsicher. Doch als sie durch das Gerücht, ihr Verlobter Wolfgang Buck sei ihr Halbbruder, diskreditiert wird und Diederich sich als nunmehr gute Partie erweist, gewinnt er sein Selbstbewusstsein zurück und zeigt sich überlegen, während Guste sich Diederich unterordnet. Durch die Mitgift kann Diederich seine wirtschaftliche Position in Netzig erheblich festigen. Bei seinem Liebesverhältnis mit Agnes Göppel in Berlin glaubt der Leser zunächst sympathische Züge an Diederich zu entdecken. Erst als sie sich ihm vorbehaltlos hingibt und er spürt, dass sie ihm bei seinem weiteren Aufstieg zur Macht nicht nützlich sein kann, verlässt er sie skrupellos. Ironie des Schicksals, dass später seine Schwester Emmi ebenso niederträchtig von ihrem Geliebten, dem Leutnant von Brietzen, behandelt wird. Mehr Glück hat er mit seiner Schwester Magda. Er verkuppelt sie an den Prokuristen Kienast und kann dadurch sein Unternehmen ohne große Verluste weiter sanieren.

Der Roman schließt mit der Vision des alten Buck. Diederich flieht aus dem Haus des Sterbenden. Damit konfrontiert der Autor

3.4 Personenkonstellation und Charakteristiken

Diederich auf dem Höhepunkt seiner Macht noch einmal mit dieser Figur. Obwohl der alte Buck im Verlauf der Handlung immer mehr an Einfluss in Netzig verliert, geht von dieser Romanfigur auf Diederich eine starke Irritation aus. In den Dialogen zwischen beiden zeigt sich Diederich meist sehr verunsichert. Er spürt, dass er dem alten Buck weder moralisch noch intellektuell gewachsen ist. Um sich durchzusetzen, greift er zu den Instrumenten der Macht, die er beherrscht, u. a. zur Intrige.

Wolfgang Buck

Die Kontroversen zwischen Diederich Heßling und Wolfgang Buck werden in vielen Publikationen als die Auseinandersetzung zwischen Geist und Tat bezeichnet. Während Diederich als der nach Macht strebende skrupellose Spießer dargestellt wird, verkörpert der Sohn des alten Buck humanistische Werte, die vor allem im Gerichtsprozess wegen Majestätsbeleidigung gegen Lauer erkennbar werden.

Humanistische Werte

Die Bezeichnung „Geist und Tat" geht auf eine gleichnamige Essaysammlung (1910) von Heinrich Mann zurück. Dort heißt es:

> „Der Faust- und Autoritätsmensch muss der Feind sein. Ein Intellektueller, der sich an die Herrenkaste heranmacht, begeht Verrat am Geist. Denn der Geist ist nichts Erhaltendes und gibt kein Vorrecht."[24]

Am Ende des Romans resigniert Wolfgang Buck. Er muss wohl scheitern, weil er zu unentschlossen ist und zu wenig kämpferisch seine Position vertritt. Dafür findet der Leser viele Belege im Text. So hält er es für nützlich, sich „in allen Lagern umzusehen."

Akademisch-feingeistig

---

24 Schröter, S. 69.

(HL S. 56/F S. 80) Oft ironisiert er seine eigene Handlungsweise und stellt sie so in Frage: „Manchmal möchte ich nämlich General werden und manchmal Arbeiterführer." (HL S. 56/F S. 80) Seine bemerkenswerte Haltung im Lauer-Prozess ist eher akademisch-feingeistig als betont kämpferisch. Sein Publikum, das er zum Gerichtsprozess mitbringt, sind Leute vom Theater. Im Kommentar zu den Ereignissen übermittelt uns der Erzähler im Roman häufig seine Wertung: „Buck war geschlagen; seine feisten Wangen senkten sich, in kindlicher Traurigkeit." (HL S. 156/F S. 220)

In der Verteidigungsrede setzt Wolfgang Buck auf die Urteils-fähigkeit seiner Zuhörer. Mit rhetorischen Mitteln, gewandt im Umgang mit der Sprache, versucht er das Gericht von seiner Verteidigung zu überzeugen:

> „Ich werde also nicht vom Fürsten sprechen, sondern vom Untertan, den er sich formt; nicht von Wilhelm II., sondern vom Zeugen Heßling. Sie haben ihn gesehen! Ein Durchschnittsmensch mit gewöhnlichem Verstand, abhängig von Umgebung und Gelegenheit, mutlos, solange hier die Dinge schlecht für ihn standen, und von großem Selbstbewusstsein, sobald sie sich gewendet hatten." (HL S. 168/F S. 237)

Mit dieser Strategie scheitert er schließlich. Resignierend sagt er im nächtlichen Dialog mit seinem Vater: „Worauf hoffen, Vater? Sie hüten sich, die Dinge auf die Spitze zu treiben wie jene Privilegierten vor der Revolution. Aus der Geschichte haben sie leider Mäßigung gelernt." (HL S. 326/F S. 456)

Der alte Herr Buck

Liberal-demokratischer Bürger

Die Figur im Roman, die wohl am ehesten der Vorstellung Heinrich Manns von einem liberal-demokratischen Bürger entspricht, ist der

3.4 Personenkonstellation und Charakteristiken

alte Herr Buck. Er wird in Netzig als integre Persönlichkeit geachtet und wird trotzdem am Ende zur tragischen Figur, weil er mit seinen humanistischen Idealen scheitert.

Der alte Herr Buck ist ein „Achtundvierziger" und steht somit in der Tradition der bürgerlich-demokratischen Ziele der Revolution von 1848. Zu Beginn der Handlung ist er noch ein mächtiger Mann in Netzig, mit dem es sich der Jungunternehmer Diederich Heßling nicht verderben will. Bucks Verlust an gesellschaftlichem Ansehen und wirtschaftlicher Macht vollzieht sich langsam, aber kontinuierlich. Er findet schließlich keine Verbündeten mehr unter den Honoratioren von Netzig, um seine demokratisch-liberalen Vorstellungen im politischen, kulturellen und wirtschaftlichen Leben der Stadt zu verwirklichen. Letztendlich bleibt ihm nur die Hoffnung auf eine bessere Zukunft, wie es in dem schon erwähnten nächtlichen Dialog mit seinem Sohn zum Ausdruck kommt: „Er sagte leise wie aus der Ferne: ‚Der würde nicht gelebt haben, der nur in der Gegenwart lebte.'" (HL S. 326/F S. 456)

Verlust an gesellschaftlichem Ansehen

Napoleon Fischer

Heinrich Mann mag den Vornamen Napoleon wohl mit Bedacht gewählt haben, um dem Leser einen Hinweis zu geben, wie diese Figur einzuordnen ist. Napoleon Fischer ist eine schillernde Persönlichkeit, die auf die eigenen wirtschaftlichen und politischen Interessen mehr bedacht ist als auf die Durchsetzung von Forderungen der Arbeiterschaft, für die er sich als führender Sozialdemokrat eigentlich einsetzen sollte. Der Autor hat keinen wirklich revolutionären Arbeiterführer im Roman gestaltet.[25]

Schillernde Persönlichkeit

---

25 Vgl. Ebersbach, S. 152 f.

Fischer sichert seinem Chef Diederich Heßling die notwendigen Stimmen zur Wahl als Stadtverordneter. Dafür unterstützt Heßling die Kandidatur Fischers für den Reichstag.

Dass Fischer der eigene Machtaufstieg wichtiger ist als die Interessen der Arbeiter, zeigt sich auch darin, dass er Diederich Heßling verspricht, sich nach seiner Wahl zum Reichstagsabgeordneten dafür einzusetzen, dass der öffentliche Sozialfonds für den Bau des Kaiserdenkmals zur Verfügung stehen wird.

Dr. Jadassohn

Auch Jadassohn will unbedingt Karriere machen. Politisch sucht er seine Heimat in der national-konservativen Stammtischrunde im Netziger Ratskeller. Seine große Chance zum Aufstieg sieht er als Vertreter der Staatsanwaltschaft im Prozess wegen Majestätsbeleidigung gegen Lauer. Der Prozess spielt eine besondere Rolle in den Stammtischdiskussionen, bei denen Jadassohn als Autorität der Staatsgewalt Anerkennung findet. In den Diskussionen und in seinem Verhalten steht er voll auf der kaisertreuen Seite, gegen die Demokraten und Freisinnigen.

Kaisertreue Seite

Seine Eitelkeit offenbart sich auch in mehr äußerlichen Aktivitäten, so in der Schönheitsoperation seiner missgestalteten Ohren. Weltanschaulich ist Jadassohn von Geburt aus Jude, aber auch hier hat er keine Skrupel, sich durch die christliche Taufe neu zu positionieren, um dadurch sein Ansehen in der Stadt zu festigen.

Guste Daimchen

Zwei Frauen begleiten auf besondere Weise Diederich während seines Aufstiegs in Netzig: Guste Daimchen und Käthchen Zillich. Beide Frauen beeindrucken ihn wegen ihrer Forschheit, ihres Aussehens und in gewisser Hinsicht wegen ihrer Frivolität. Sie sind auf ihre Art ganz anders als die „brave" Agnes. Schließlich wird die

| 4 REZEPTIONS- GESCHICHTE | 5 MATERIALIEN | 6 PRÜFUNGS- AUFGABEN |

3.4 Personenkonstellation und Charakteristiken

reiche Guste Daimchen von Diederich zur Gattin erwählt und nicht
die schillernde Diva und Pastorentochter Käthchen Zillich.

Guste Daimchen beeindruckt Diederich schon bei der ersten Begegnung im Zugabteil auf der Fahrt nach Netzig. Ihr burschikoses Selbstbewusstsein macht sie ihm sympathisch. Guste ist aber
mit Diederichs Schulkameraden, dem Rechtsanwalt Wolfgang Buck
verlobt. Die Verbindung zwischen diesem ungleichen Paar ist allerdings nicht sehr dauerhaft. Nachdem Diederich erfahren hat, dass
Guste eine gute Partie ist, denkt er nicht mehr an eine Verbindung
mit der liebestollen Käthchen Zillich. Als das Gerücht gestreut wird,
dass Wolfgang Buck der Halbbruder von Guste sei, ist diese auch
schnell bereit, ihre Gunst dem richtigen Mann, eben Diederich, zu
schenken. Guste entwickelt sich nach der Heirat zu einem Muster an
Ehefrau für den kaisertreuen Unternehmer. Sie schenkt ihm 1894,
1895 und 1896 ein Mädchen und zwei Söhne, bringt ihre Mitgift
ins Geschäft ein, bestellt ihr Haus ordentlich und betritt im gesellschaftlichen Leben von Netzig nur das Terrain, das ihr von Diederich
zugewiesen wird: „,Halte dich an die drei großen G', bedeutete er
Guste. ,Gott, Gafee und Gören.'" (HL S. 316/F S. 442)

Nur im ehelichen Schlafzimmer soll sich Guste nicht an die übli-
che Rollenverteilung halten, da bleibt Diederich Guste sexuell willig
untertan: „,Ich bin die Herrin, du bist der Untertan', versicherte sie
ausdrücklich. ,Aufgestanden! Marsch!'" (HL S. 319/F S. 446). Am
Morgen nach solchen Nächten ist Diederich aber wieder Herr der
Lage, wenn er sich das Wirtschaftsbuch vorlegen lässt und einen
Fehler feststellt (HL S. 319/F S. 446).

Burschikoses
Selbstbewusst-
sein

3.5 Sachliche und sprachliche Erläuterungen

3.5 Sachliche und sprachliche Erläuterungen

1. Kapitel

HL S. 9/F S. 15	**Untertertia**	4. Klasse, entspricht der heutigen 8. Klasse, die Obertertia (5) der heutigen 9.
	Ordinarius	hier Klassenlehrer am Gymnasium
	Primus	der Klassenbeste
HL S. 10/F S. 16	**Primaner**	Schüler der letzten beiden Klassen des Gymnasiums
HL S. 13/F S. 20	**Sentimentalität**	Empfindsamkeit
HL S. 17/F S. 26	**Bouquet**	auch Bukett, Blumenstrauß
HL S. 20/F S. 31	**Korporation**	Studentenverbindung
	Neuteutonia	bekannte studentische Verbindung
HL S. 21/F S. 32	**Kommersbuch**	studentisches Liederbuch
HL S. 22/F S. 33	**Fuchs**	junger Student der ersten Semester
HL S. 23/F S. 34	**Konkneipant**	Student, der die Kneipe von Korps-studenten besucht, ohne Mitglied der Korporation zu sein
HL S. 26/F S. 38	**kommentmäßig**	den Regeln für den Umgang in einer Korporation entsprechend
HL S. 26/F S. 39	**Referendar**	Anwärter auf eine höhere Position nach dem ersten Staatsexamen
HL S. 27/F S. 41	**satisfaktions-fähig**	der gleichen gesellschaftlichen Schicht angehörend, nur dann ist ein Duell möglich
HL S. 28/F S. 41	**Genugtuung fordern**	jemanden zum Duell herausfordern
HL S. 34/F S. 50	**Einjähriger**	Wehrpflichtiger, der aufgrund seines Bildungsabschlusses nur ein Jahr zu dienen brauchte

3.5 Sachliche und sprachliche Erläuterungen

HL S. 38/F S. 56	**Assessor**	Anwärter auf eine höhere Stellung in der Verwaltung nach der 2. Staatsprüfung (vgl. Referendar HL S. 26/F S. 38)
HL S. 39/F S. 56	**Privatissimum**	Vorlesung vor einem kleinen Hörerkreis
	Stöcker, Adolf (1835–1909)	Hofprediger, Begründer der christlichsozialen Partei, zeitweise Führer des Antisemitismus
HL S. 43/F S. 62	**Schmiss**	Gesichtsverletzung nach einem Duell im Fechten, galt als ehrenvoll
HL S. 44/F S. 63	**Sedan**	frz. Stadt, in der im Dt.-Frz. Krieg 1870/71 die französische Armee kapitulierte
2. Kapitel		
HL S. 57/F S. 81	**Lassalle, Ferdinand**	Sozialdemokratischer Politiker, gründete 1863 den Allgemeinen Deutschen Arbeiterverein, aus dem 1890 die SPD hervorging
HL S. 58/F S. 82	**Schöngeist**	Kunstliebhaber
3. Kapitel		
HL S. 74/F S. 105	**Kontorist**	Büroangestellter
	Holländer	Zerkleinerungsmaschine für Papier
HL S. 77/F S. 109	**Landgerichtsrat**	Titel im höheren juristischen Dienst
	Nepotismus	Verwandtenbegünstigung
HL S. 78/F S. 111	**animalisch**	tierisch, triebhaft
HL S. 84/F S. 119	**Partikularmacht**	hier Vertreter von Sonderinteressen, die sich gegen das Volk richten
HL S. 92/F S. 130	**Philister**	Spießbürger (beschränkter, kleinlicher Mensch)

1 SCHNELLÜBERSICHT	2 HEINRICH MANN: LEBEN UND WERK	3 TEXTANALYSE UND INTERPRETATION

3.5 Sachliche und sprachliche Erläuterungen

HL S. 111/F S. 157	**Hammurabi**	König von Babylon, der ein großes Reich schuf (1728–1685 v. Chr.)
	Präzedenzfall	Fall, der für spätere ähnliche Fälle beispielhaft ist
4. Kapitel		
HL S. 147/F S. 208	**Kanaille**	Schuft, Schurke
HL S. 156/F S. 220	**Gothaischer Almanach**	Adelsregister
HL S. 168/F S. 236	**Byzantinismus**	Kriechende Unterwürfigkeit gegenüber Höhergestellten (benannt nach dem Hof von Byzanz und dem dortigen Zeremoniell)
HL S. 174/F S. 244	**Kriegerverein**	Verein, in dem ehemalige Angehörige des Militärs und Verehrer des Militärs Mitglieder werden können
5. Kapitel		
HL S. 183/F S. 257	**Sonntagsschule**	Kindergottesdienst und Religionsunterricht, der von der Kirchengemeinde für Kinder angeboten wird
HL S. 208/F S. 292	**Kratzfuß**	altertümlicher Höflichkeitsbeweis, bei dem gleichzeitig mit der Verbeugung ein Fuß schleifend in weitem Bogen nach hinten geführt wird
HL S. 214/F S. 300	**Pietät**	Frömmigkeit, Rücksicht auf die Gefühle anderer Menschen
HL S. 228/F S. 319	**Deutscher Aar**	hier: Adler als deutsches Wappentier
HL S. 233/F S. 327	**Freimaurerloge**	internationaler Männerbund zur Pflege der Humanität, ohne kirchliche Bindung, in diesem Zusammenhang sind auch Lauers soziale Bestrebungen zu sehen

| | 4 REZEPTIONS-GESCHICHTE | 5 MATERIALIEN | 6 PRÜFUNGS-AUFGABEN |

3.5 Sachliche und sprachliche Erläuterungen

6. Kapitel

HL S. 259/F S. 362	**Odaliske**	weiße Sklavin im ehemaligen türkischen Harem
HL S. 279/F S. 390	**Freisinn**	ursprünglich Freisinnige Partei, seit 1893 Freisinn
	Zynismus	Lebensanschauung, die menschliche Werte herabsetzt und verspottet
HL S. 289/F S. 407	**Prokurist**	Inhaber einer Prokura (Recht, den Geschäftsführer zu vertreten, Handlungsvollmacht)
HL S. 297/F S. 416	**Eugen Richter**	Deutscher Politiker (1838–1906), Führer der Freisinnigen Partei, bekannt durch seine schlagfertigen Rede im Deutschen Reichstag)
HL S. 301/F S. 421	**Hypothek**	im Grundbuch eingetragenes Pfandrecht an einem Grundstück
HL S. 311/F S. 435	**Kaiserhoch**	Hochrufe auf den Kaiser
HL S. 312/F S. 436	**Kapitalrente**	Einkünfte, die die Besitzer von Produktionsmitteln ohne eigene Arbeitsleistung aus den produzierten Gütern beziehen
HL S. 318/F S. 444	**Malteserorden**	Königlich preußischer Johanniterorden, widmete sich besonders der Pflege von Kranken und Verwundeten
HL S. 335/F S. 469	**Militärkordon**	Absperrung durch das Militär

| 1 SCHNELLÜBERSICHT | 2 HEINRICH MANN: LEBEN UND WERK | 3 TEXTANALYSE UND -INTERPRETATION |

3.6 Stil und Sprache

3.6 Stil und Sprache

**ZUSAMMEN-
FASSUNG**

Das Erfassen der sprachkünstlerischen Gestaltung eines literarischen Textes fördert das Verständnis des literarischen Werkes. Auch bei dem vorliegenden Roman benutzt Heinrich Mann ganz bestimmte sprachliche Mittel (u. a. lexikalische Mittel und syntaktische Mittel bei der Gestaltung der Dialoge und des Erzählerkommentars), um beim Leser eine bestimmte Wirkung zu erreichen (Charaktere der Protagonisten erkennen, Wertung des Erzählers erfassen usw.). Lässt man sich bei der Analyse von Sprache und Stil von Auffälligkeiten im lexikalischen und syntaktischen Bereich leiten, so ist für diesen Roman die satirische Gestaltung des Textes durch Heinrich Mann zu nennen.

„Im satirisch vergrößerten, aufgeblähten Bild des Untertanen Diederich Heßling, der in der ironisch pointierten Identifikation mit dem Kaiser monströse Züge gewinnt, ist die Physiognomie und Psychologie der Träger des Untertanenstaates in Überlebensgröße entworfen … Umgekehrt ist im satirisch verkleinerten Bild der Provinzstadt Netzig die ungebrochene deutsche Misere eines feigen, spießigen, opportunistischen Bürgertums und seiner Helfershelfer wie in einem Brennspiegel eingefangen."[26]

Eine besondere Auffälligkeit bei der Verwendung sprachlicher Mittel ist die Wahl der handelnden Personen und die Technik der **Zitat-**

---

26 Emmerich, Wolfgang: *Der Untertan*. München 1993, S. 82.

| 4 | REZEPTIONS-GESCHICHTE | 5 MATERIALIEN | 6 PRÜFUNGS-AUFGABEN |

3.6   Stil und Sprache

montage.[27] In Heßlings Ansprachen finden sich immer wieder Sätze und bestimmte Wörter, die in den Reden Kaiser Wilhelms II. nachzuweisen sind. Darüber hinaus verwendete Heinrich Mann Wörter und Wendungen wie sie in verschiedenen gesellschaftlichen Bereichen im kaiserlichen Deutschland gebräuchlich waren.

Besonderheiten sprachlicher Gestaltung

SPRACHLICHES MITTEL	ERKLÄRUNG	TEXTBELEG
Satirische Sprachverwendung		
Nachahmung der Kaiserrede durch Diederich	Der Untertan identifiziert sich mit seinem Vorbild, sieht sich seinen Untergebenen gegenüber in der Person des Kaisers.	Rede an seine Arbeiter (HL S. 75 f./F S. 106 f.)
Wörtliche Übernahme bestimmter Phrasen aus Kaiserreden in die eigenen Äußerungen	Durch die wörtliche Übernahme pathetischer Formulierungen will Heßling seine Macht dokumentieren und stabilisieren. Kaiser Wilhelm II.: „Denn für Mich ist jeder Socialdemokrat gleichbedeutend mit Reichs- und Vaterlandsfeind."[28]	Heßling: „Denn für mich ist jeder Sozialdemokrat gleichbedeutend mit Feind meines Betriebes und Vaterlandsfeind." (HL S. 75 f./F S. 106 f.)

---

27   Emmerich, S. 84.
28   *Reden des Kaisers*, hrsg. von Ernst Johann. München, 1966, S. 45.

1 SCHNELLÜBERSICHT	2 HEINRICH MANN: LEBEN UND WERK	3 TEXTANALYSE UND -INTERPRETATION

3.6 Stil und Sprache

SPRACHLICHES MITTEL	ERKLÄRUNG	TEXTBELEG
	Im Verlauf der Handlung identifiziert sich Diederich immer mehr mit dem Kaiser, bis er sich schließlich ganz eins mit ihm fühlt.	„Das Wort erregte Begeisterung; und als Diederich allen, die ihm zutranken, nachgekommen war, hätte er nicht mehr sagen können, ob es von ihm selbst war oder nicht doch vom Kaiser." (HL S. 174 f./ F S. 246)
Satirische Zeichnung Heßlings durch den Kommentar des Erzählers	Die Sprech- und Verhaltensweisen von Diederich werden ironisiert.	„Er machte schroff kehrt und ging schnaufend davon." (HL S. 75/F S. 107) „Diederich rollte die Augen." (HL S. 80/F S. 114)
Pejorative Wortwahl	Diskriminierung des politischen Gegners (Napoleon Fischer)	„Sehn Sie mal, Sötbier, die Vorderflossen hängen ihm bis an den Boden. Gleich wird er auf allen vieren laufen und Nüsse fressen. Dem Affen werden wir ein Bein stellen, verlassen Sie sich darauf." (HL S. 80/F S. 114)
Wahl der Namen für die Protagonisten	Eigennamen als Mittel satirischer Sprachgestaltung (Wortspiele: z. B. Heßling Häßling, Jadassohn Judassohn)	Heßling, Nothgroschen, Napoleon Fischer, Mahlmann, Heuteufel, Kühnchen
Wortschatz aus Bereichen des gesellschaftlichen Lebens		
Produktion	Kennzeichnung der Produktion und Ausstattung von Diederich Heßlings Fabrik	Holländer (HL S. 74/F S. 105), Schneidemaschine (HL S. 74/F S. 105), Lumpensaal (HL S. 79/F S. 111), Messerwalze (HL S. 133/F S. 187)

| 4 REZEPTIONS-GESCHICHTE | 5 MATERIALIEN | 6 PRÜFUNGS-AUFGABEN |

3.6 Stil und Sprache

SPRACHLICHES MITTEL	ERKLÄRUNG	TEXTBELEG
Ökonomie	Aussagen über die Wirtschaft im Kaiserreich von den Gründerjahren bis zum Ausgang des 19. Jh.	Hypothek (HL S. 301/F S. 421), Makler (HL S. 304/F S. 426), Aktionär (HL S. 304/F S. 425), Fusion (HL S. 309/F S. 432), Kapitalrente (HL S. 312/F S. 436), Dividende (HL S. 312/F S. 436)
Geschichte/Kunst	Informationen zur Einordnung der Handlung in historische und kulturelle Zusammenhänge	A. Stöcker (HL S. 39/F S. 56), F. Lassalle (HL S. 57/F S. 81), Sedan (HL S. 44/F S. 63), Partikularmacht (HL S. 84/F S. 119), Hammurabi (HL S. 110/F S. 157), Kotillon (HL S. 225/F S. 316), Odaliske (HL S. 259/F S. 362), E. Richter (HL S. 297/F S. 416), Sang an Ägir (HL S. 323/F S. 451)
Militär/Verwaltung	Informationen über Militär und Gemeinwesen zum Verständnis der Handlung	Einjähriger (HL S. 35/F S. 50), Assessor (HL S. 38/F S. 56), Kontorist (HL S. 74/F S. 105), Regierungspräsident (HL S. 85/F S. 120), Kriegerverein (HL S. 173/F S. 244), Prokurist (HL S. 289/F S. 407), Militärkordon (HL S. 335/F S. 469), Premierleutnant (HL S. 253/F S. 355)

DER UNTERTAN

| 1 SCHNELLÜBERSICHT | 2 HEINRICH MANN: LEBEN UND WERK | 3 TEXTANALYSE UND -INTERPRETATION |

3.6 Stil und Sprache

SPRACHLICHES MITTEL	ERKLÄRUNG	TEXTBELEG
Studentensprache	Charakteristik von Diederichs Berliner Bildungsgang bei den Neuteutonen	Neuteutonia (HL S. 24/F S. 31), Korporation (HL S. 24/F S. 31), Kommers-buch (HL S. 22/F S. 32), Fuchs (HL S. 22/F S. 33), Bierverschiss (HL S. 26/F S. 39), Komment (HL S. 26/F S. 38)
Dialekt/ Sondersprache	Charakteristik der han-delnden Personen	Neuteutone Delitzsch: „Wovon habt 'r denn geredt, während ich an-derweitig beschäftigt war? Wisst ihr denn egal nischt wie Weibergeschichten? Was koof' ich mir für die Weiber." (HL S. 22/F S. 33)

Gymnasialprofessor Kühnchen: „Wie's brann-te, warfen sie die Kinder aus'm Fenster und wollten ooch noch von uns, dass wir se auffangen sollten ... Mit unseren Bajonetten hammer die kleenen Luder uffgefangen." (HL S. 108/F S. 153)

Premierleutnant Kar-nauke: „Weiß Bescheid. Nur keine Fisimatenten. Höherer Befehl. Schnauze halten und verkaufen, sonst gnade Gott." (HL S. 254/F S. 355) |

3.7 Interpretationsansätze

ZUSAMMEN-FASSUNG

→ Diederich Heßling in der parodistisch dargestellten Entwicklung vom Macht-Erleidenden zum Macht-Ausübenden

→ Die gegensätzliche Entwicklung zweier Protagonisten des Romans am Beispiel von Diederich Heßling und dem alten Herrn Buck

→ Die satirische Gestaltung des Romans am Beispiel der kontinuierlichen Annäherung Diederichs an Kaiser Wilhelm II.

→ Die Frauengestalten im Roman und ihre Funktion bei der Entwicklung Diederichs zum untertänigen Machtmenschen

→ Die Funktion des Theater-Motivs im Roman

Wolfgang Emmerich sieht im *Untertan* die „Umkehrung des bürgerlichen Bildungsromans".[29]

Diederich genießt den Leidensdruck, physisch und psychisch

> „Dieser Prozess der Auseinandersetzung mit der realen Welt der Untertanen – als nur noch Karikaturen von Menschen und ‚wirklichen Helden' – führte dann literarisch zum ‚Gegengesang', zur parodistischen Umkehrung des Bildungsromans."[30]

Diese These wählen wir als Ausgangspunkt für unsere Interpretationsansätze.

---

29   Emmerich, S. 51.
30   Emmerich, S. 52.

Diederich wird vom Macht-Erleidenden zum Macht-Ausübenden

Das geradezu perverse Fühlen und Handeln des Untertans zeigt sich bereits in der ersten Entwicklungsphase des Protagonisten. „Macht erleiden" und „Macht ausüben", das sind die Pole, unter denen sich Diederichs Entwicklung in den ersten beiden Kapiteln des Romans vollzieht.[31] Er unterwirft sich dem autoritären Charakter des Vaters, der als Familienoberhaupt und Fabrikbesitzer mit seinem „silbrigen Kaiserbart" (HL S. 6/F S. 10) und „verwitterten Unteroffiziersgesicht" (HL S. 6/F S. 10) Familie und Betrieb beherrscht. Den Lehrern ist Diederich ergeben, den Rohrstock als Symbol der Macht bekränzt er. Bei den Neuteutonen dient er mit Hingabe dem Studenten Wiebel als Fuchs und in seiner kurzen Militärzeit unterwirft er sich bedingungslos dem Kadavergehorsam der kaiserlichen Armee. Die von Heinrich Mann hervorragend satirisch gestaltete erste Begegnung mit dem Kaiser und die unfreiwillige Landung in einem Tümpel bildet den vorläufigen Höhepunkt in der Entwicklung seiner Untertanenmentalität.

Die Machtausübung steht in den ersten beiden Kapiteln noch hinter dem Macht-Erleiden zurück. Trotzdem ist auch sie bereits in einigen Episoden präsent: Diederich beschimpft die Arbeiter, die in der Fabrik des Vaters arbeiten, er drangsaliert einen jüdischen Schüler, er schlägt bei der Demonstration der Arbeitslosen 1892 auf einen Mann mit „Künstlerhut" (HL S. 43/F S. 62) ein und am Ende seiner Studentenzeit verurteilt er seinen Fuchs zum Bierverschiss. Auch der Mutter und den Geschwistern gegenüber gibt er sich autoritär.

Auf dem Weg zur Macht in Netzig

Bei Diederich Heßlings Rückkehr nach Netzig nimmt die Machtausübung im Verhältnis zum Erleiden der Macht kontinuierlich zu.

---

31 Müller-Michaels, Harro: *Deutschkurse*. Weinheim [2]1994, S. 127.

3.7 Interpretationsansätze

„Immer deutlicher entwickelt Heßling sich dabei vom Individuum zum Typus des strukturlosen Untertans und zugleich Unter-
drückers."[32]

Obwohl es bei diesem Aufstieg für Diederich auch Rückschläge
gibt, erfolgt der Aufstieg zur Macht in den Stationen, die bereits in
der Inhaltsangabe (Kap. 3.2) dargestellt wurden.

Eine besondere Funktion hat der Majestätsbeleidigungsprozess
in dem Roman. Einerseits ist diese Episode ein hervorragendes Beispiel satirischer Gestaltung, andererseits vollzieht sich nach diesem Prozess eine politische und wirtschaftliche Umgruppierung
in Netzig, in deren Verlauf Diederich mit seiner Rede zur Denkmalseinweihung den Höhepunkt seiner Macht erreicht. Heinrich
Mann selbst hat die Bedeutung dieses Prozesses in dem Roman
hervorgehoben. Er schreibt in einem Brief: „Der Majestätsbeleidigungsprozess ist das Centrum, und der centrale Punkt."[33] Neben
der Bewunderung Heßlings für die Anwendung der Macht in ihrer
inhumansten Form, nämlich der Tötung eines unschuldigen Arbeiters, steht in der Episode die Verteidigungsrede von Wolfgang Buck
im Mittelpunkt der Auseinandersetzung.

*Der Majestäts-
beleidigungs-
prozess*

Nach Diederichs Rede als Zeuge im Prozess gegen Lauer ist
sein Aufstieg zur Macht endgültig gesichert. Die politische Grup-
pierung in Netzig vollzieht sich in der Folgezeit ganz im Sinne Heßlings. Sofort nach dem Prozess äußert der Regierungspräsident
von Wulckow Diederich gegenüber sein Wohlwollen (HL S. 165/
F S. 233). Auch die Netziger Zeitung trägt der veränderten Lage
Rechnung. Sie unterstützt Diederich nun nicht nur politisch, sondern auch ökonomisch, indem sie aus Heßlings Werk einen Teil des
Papiers bezieht. Zu den Folgen des Prozessausgangs gehört auch

*Diederich auf
dem Weg zum
führenden Politi-
ker in Netzig*

---

32 Müller-Michaels, S. 128.
33 *Heinrich Mann 1871–1950*, S. 129.

| 1 SCHNELLÜBERSICHT | 2 HEINRICH MANN: LEBEN UND WERK | 3 TEXTANALYSE UND -INTERPRETATION |

3.7 Interpretationsansätze

ein Brief von Major Kunze an Diederich, in dem er mitteilt, dass nach einem „bedauerlichen Missverständnis … der Aufnahme des hochverdienten Herrn Doktors in den Kriegerverein nichts mehr im Wege stehe." (HL S. 173 f./F S. 244) Auch der „Berliner Lokal-Anzeiger", das Blatt seiner Majestät, würdigt Diederichs Auftreten. In einer Rede vor den Stadtverordneten hatte er das Vorbild des Kaisers hervorgehoben (HL S. 232/F S. 325).

Faschistoide Züge in der Anlage der Figur

Häufig wird in der Sekundärliteratur darauf verwiesen, dass sich in der Entwicklung Diederichs Heßlings bereits der spätere Typus des Faschisten zeigt, wie es hier von Hummelt-Wittke ausgeführt wird:

> „Die Ideologie, die Heßling im Verlauf der Romanhandlung übernimmt, hat in der Regel noch präfaschistischen Charakter; nur wenige Passagen können bereits als dezidiert faschistisch bezeichnet werden, so z. B. sein Aufruf in der Wahlversammlung der Kaisertreuen zu einer spartanischen Zucht der Rasse und seine Forderung Blödsinnige und Sittlichkeitsverbrecher … durch einen chirurgischen Eingriff an der Fortpflanzung zu hindern. (S. 385)."[34]

Auf dem Höhepunkt der Macht: die Rede zur Einweihung des Kaiser-Denkmals

Die Einweihung des Kaiser-Denkmals, aus deren Anlass Diederich die Rede halten darf, und die Verleihung des Wilhelm-Ordens bilden den Höhepunkt seiner Karriere. Seine Rede besteht zum größten Teil nur noch aus Kaiserzitaten. Die Zuhörer mussten den Eindruck gewinnen, dass da nicht ein Bürger von Netzig, sondern der Kaiser selbst spricht. Doch dann setzt ein Unwetter ein, das die ganze kaisertreue Gefolgschaft vom Festplatz vertreibt. Die Rede und die Ordensverleihung durch einen Schutzmann unter dem Rednerpult

---

34 Hummelt-Wittke, Monika: *Heinrich Mann. ,Der Untertan'*. München [3]1998, S. 37.

gerät zur Farce. Das Gewitter kommt ausgerechnet aus der Richtung, in der das einfache Volk dem Spektakel distanziert zuschaut. Das Naturereignis wird zum Symbol:

„Das Gewitter wird zum politischen Symbol: Wenn der Himmel mit einer Heftigkeit platzt, die einem lange verhaltenen Ausbruch glich, so steht dies als Symbol für den Umsturz der bestehenden Gesellschaftsordnung durch den lange aufgestauten Zorn des Proletariats."[35]

Die gegensätzliche Entwicklung zweier Protagonisten: Diederich und der alte Buck

Da der Erzähler im Roman häufig aus der Perspektive Heßlings erzählt, erlebt der Leser den Aufstieg und Abstieg des alten Buck vorwiegend aus der Sicht Heßlings. Zu Beginn des Romans wird so der alte Herr Buck vorgestellt.

Machtgewinn und Machtverlust: Diederich Heßling – der alte Herr Buck

„Denn er ging in Versammlungen, er bekümmerte sich um die ganze Stadt. Von der Badeanstalt, vom Gefängnis, von allem, was öffentlich war, dachte Diederich: ‚Das gehört dem Herrn Buck.' Er musste ungeheuer reich und mächtig sein. Alle, auch Herr Heßling, entblößten vor ihm lange den Kopf." (HL S. 9/F S. 15)

Nachdem der Vater gestorben ist und Diederich nach seiner Berliner Zeit die Führung der väterlichen Fabrik übernimmt, schmiedet er vorerst im Kreise der Familie intrigant und heimtückisch Pläne gegen den alten Herrn Buck. Zunächst geht es ihm darum, die Hochachtung seiner Mutter und der Schwestern dem alten Buck gegenüber zu untergraben. Als seine Mutter äußert, dass der alte Herr

Die Kampfansage Diederichs

---

35 Hummelt-Wittke, S. 72.

3.7 Interpretationsansätze

Buck doch so angesehen sei, offenbart Diederich seine Strategie zur Demontage des Demokraten Buck.

> „,... In der Verehrung des alten Buck sind wir aufgezogen worden. Der große Mann von Netzig! Im Jahre achtundvierzig zum Tode verurteilt!'
> ,Das ist aber auch ein historisches Verdienst, sagte dein Vater immer.'
> ,Verdienst?', schrie Diederich. ,Wenn ich nur weiß, einer ist gegen die Regierung, ist er für mich schon erledigt. Und Hochverrat soll ein Verdienst sein? ... Aber der Herr Buck mag sich hüten! Wir werden ihm auf die Finger sehen!'" (HL S. 76 f./F S. 108 f.)

Der Vorwurf des Hochverrates wird für Diederich seit diesem Auftritt vor der Familie zur vernichtenden Kampfansage gegen seine zukünftigen Widersacher in Netzig. Aber noch war es nicht soweit. Zunächst werden diskriminierende Gerüchte über die Familienverhältnisse der Bucks gezielt gestreut.

Der alte Buck ist um Ausgleich bemüht

Nach dem Majestätsbeleidigungsprozess ahnt der alte Herr Buck natürlich, dass Diederich versucht, dem Ruf seiner Familie zu schaden. Aber noch weicht er dem offenen Kampf aus und ist auf Ausgleich bedacht. So äußert er sich Diederich gegenüber: „Ich achte den Kampf und kenne ihn zu gut, um jemand zu hassen, der gegen die Meinen kämpft." Und später: „Ich weiß: Sie suchen und haben sich selbst noch nicht gefunden." (HL S. 213/F S. 299)

Das Rededuell bei der Beleidigungssache gegen die „Volksstimme"

Bei einer turbulenten Wahlversammlung in Netzig kommt es zu einem ersten Rededuell zwischen Heßling und dem alten Buck. Als Diederich seinem Gegner auch noch indirekt den Tod Kühlemanns in der Versammlung anlasten will, kann der alte Buck nicht mehr reagieren, er fällt in Ohnmacht. (HL S. 296/F S. 415) Nach diesem Ereignis folgt für den alten Buck wirtschaftlich und poli-

3.7 Interpretationsansätze

tisch eine Niederlage der anderen. Ein letzter Höhepunkt ist das Rededuell bei der Beleidigungsklage, die der alte Buck gegen die Zeitung „Volksstimme" anstrebt. In dem Prozess tritt Diederich als Zeuge auf. Scheinheilig gibt er zu Protokoll, dass es ihm nur um das Interesse der Stadt, nicht aber um den alten Buck gehe. Der alte Buck verwahrt sich gegen die genau kalkulierte Aussage Heßlings. Er reagiert, wenn man so will, mit seinem politischen Testament:

> „Mein Leben gehört seit mehr als fünfzig Jahren nicht mir, es gehört einem Gedanken, den zu meiner Zeit mehrere hatten, der Gerechtigkeit und dem Wohl aller. Ich war vermögend, als ich in die Öffentlichkeit trat. Wenn ich sie verlasse, werde ich arm sein. Ich brauche keine Verteidigung!" (HL S. 306/F S. 427 f.)

In der Mittagspause wird bekannt, dass Heßling, Großaktionär von Gausenfeld, zum Generaldirektor berufen wurde. „Neugierig musterte man ihn – und ihm gegenüber den alten Buck, auf dessen Kosten er Seide gesponnen hatte." (HL S. 306/F S. 428)

Und dann folgt im Schlussbild die letzte stumme Begegnung zwischen Diederich Heßling und dem sterbenden alten Buck. Diese letzte Seite des Romans bleibt jedem Leser für seine individuelle Deutung offen. Diederich versucht selbst in der letzten Begegnung mit seinen Insignien der Macht (Orden, schwarz-weiß-rote Schärpe, stramme Haltung), den Sterbenden und seine Familie zu beeindrucken. Aber am Ende flieht Heßling vor der Vision des Sterbenden: „Vom Entsetzen gedämpft, rief die Frau des Ältesten: ‚Er hat etwas gesehen! Er hat den Teufel gesehen.'" (HL S. 341/F S. 478) Zumindest moralisch muss sich Diederich geschlagen geben, seine Flucht beweist es. Er wird aber weiter sein Unwesen treiben und in der Zukunft viele Nachahmer finden.

Die Vision des alten Buck in der Schluss-Szene

3.7   Interpretationsansätze

Die satirische Gestaltung des Romans am Beispiel der kontinuierlichen Annäherung Diederichs an Kaiser Wilhelm II.

Immer dem Kaiser nach – Kapitel für Kapitel

Wolfgang Emmerich analysiert in seiner Schrift Heinrich Mann: *Der Untertan* am Beispiel der sechs Kapitelschlüsse wie jeweils der Kaiser und sein Untertan sich begegnen und sich mehr und mehr angleichen.[36] Die Kapitelschlüsse werden so zu einem strukturbildenden Handlungselement des Romans.[37]

1. Kapitel

Die erste Begegnung, quasi Auge in Auge mit Kaiser Wilhelm II., wird am Ende des ersten Kapitels satirisch erzählt. Es geschieht in Berlin, im Tiergarten, als sich Diederich das erste Mal in einen Kaiserrausch versetzt. Als ihn ein Schutzmann daran hindern will, sich dem hoch zu Pferd reitenden Kaiser zu nähern, erfasst Diederich Siegestaumel, „als reite er selbst über alle diese Elenden hinweg." (HL S. 44/F S. 64) Er schafft es tatsächlich, dem Kaiser gefährlich nahe zu kommen. Dieser durchschaut ihn, und er sieht in dem Fanatiker einen nicht ganz ernst zu nehmenden Bewunderer: „Der Mensch war ein Monarchist, ein treuer Untertan!" (HL S. 44/F S. 64)

Symptomatisch landet Diederich in einem Tümpel.

2. Kapitel

Am Ende des zweiten Kapitels verlässt Diederich nach Studium und Militärzeit Berlin. Beim Kaiserlichen Hoffriseur lässt er sich den Schnurrbart so stutzen, wie er ihn an Offizieren und Herren von Rang beobachtet hatte. Was bei anderen wie ein Gag wirken mag, ist bei ihm nach der inneren Annäherung an den Kaiser nun auch die Annäherung an die äußere Erscheinung, sodass er beim Blick in den Spiegel wie der Kaiser furchterregend mit den Augen blitzen kann. (HL S. 71 f./F S. 100 f.) In seinem eigenen Spiegelbild erkennt er nun immer auch den Kaiser.

---

36   Emmerich, S. 88 ff.
37   Hummelt-Wittke, S. 58.

| 4 REZEPTIONS-GESCHICHTE | 5 MATERIALIEN | 6 PRÜFUNGS-AUFGABEN |

3.7 Interpretationsansätze

Am Ende des dritten Kapitels bekommt die Selbstdarstellung von Heßling eine neue Qualität. Jetzt verbinden sich seine äußere Erscheinung mit seinem strammen Auftreten und seinem Befehl an den Redakteur Nothgroschen. Ihm übergibt er ein fingiertes Telegramm des Kaisers, in dem die Belobigung und Beförderung des Postens verlangt wird, der den Arbeiter erschossen hat. Nothgroschen ist vom Auftreten Diederichs so überwältigt, dass er gar nicht auf das gefälschte Telegramm schaut. Er glaubt, den Kaiser vor sich zu haben.

3. Kapitel

„Nothgroschen starrte nur, wie entgeistert, auf Diederich, auf seine steinerne Haltung, den Schnurrbart, der ihm in die Augen stach, und die Augen, die blitzten.
,Jetzt glaubte ich fast –', stammelte Nothgroschen. ,Sie haben so viel Ähnlichkeit mit – mit –'" (HL S. 113/F S. 160)

Der Clou gelingt, das Telegramm wird später von höchster Stelle bestätigt. Wahrlich, das wäre seinerzeit eine gute Vorlage für ein Kabarettprogramm gewesen.

Am Ende dieses 4. Kapitels findet die Metamorphose aus dem 3. Kapitelschluss ihre Fortsetzung. Bei der Rede anlässlich seiner Aufnahme in den Kriegerverein erfindet er ein Kaiserzitat; am Ende weiß er selbst nicht zu unterscheiden, ob es von ihm oder vom Kaiser war. „Das Wort erregte Begeisterung; und als Diederich allen, die ihm zutranken, nachgekommen war, hätte er nicht mehr sagen können, ob es von ihm selbst war oder nicht doch vom Kaiser. Schauer der Macht strömten aus dem Wort auf ihn ein, als wäre es echt gewesen." (HL S. 174 f./F S. 246)

4. Kapitel

Am Ende des 5. Kapitels erreicht die Begegnung Diederichs mit seinem Kaiser eine neue Ebene. Selbst in der intimen Sphäre des ersten ehelichen Beischlafs auf der Hochzeitsreise gibt er seine

5. Kapitel

DER UNTERTAN

3.7 Interpretationsansätze

Identität zugunsten des Kaisers auf. Er fordert seine junge Ehefrau auf, bevor sie „zur Sache selbst schreiten" des Kaisers zu gedenken, dem sie „tüchtige Soldaten" liefern wollen. Dieses Mal ist es nicht der Redakteur Nothgroschen, sondern Guste, die wohl glaubt, den Kaiser im Bett zu haben: „‚Oh!', machte Guste, von dem Gefunkel auf seiner Brust entrückt in höheren Glanz: ‚Bist – du – das – Diederich?'" (HL S. 258/F S. 361)

6. Kapitel

Im 6. Kapitel weicht Heinrich Mann von dem „Kaiserschluss" bei Kapitelende ab. Hier wird die erste Begegnung Diederichs mit dem Kaiser in Berlin zu Beginn des Kapitels auf höherer Ebene fortgeführt. Diederich erfährt bei der Hochzeitsreise in einem Züricher Hotel, dass Wilhelm II. sich in Rom aufhält. Er vergisst seine junge Frau und folgt den Spuren des Kaisers bis zu dessen Abreise. Schließlich ist er immer schon vor dem Kaiser auf den jeweiligen Schauplätzen und animiert die Zuschauer zu Beifallskundgebungen für den deutschen Herrscher. „Auch kam es vor, dass ein salutierender Beamter ihm eine Meldung machte, die er herablassend entgegennahm." (HL S. 262/F S. 367) Es gelingt Diederich sogar, einen vermeintlichen Attentäter, ausgerechnet ein deutscher Künstler, der Polizei zu übergeben. Wie im 1. Kapitel landet Diederich auch hier in einer Pfütze. Die städtischen Wächter erkennen den persönlichen Beamten des Kaisers, der „gottlob nicht tot (war), denn er schnarchte; und die Lache, in der er saß, war kein Blut." (HL S. 265/F S. 371) Bei dieser zweiten direkten Begegnung mit dem Kaiser macht dieser sich nicht über ihn lustig, sondern zollt ihm Anerkennung: „… dann wandte der Kaiser den Kopf und lächelte. Er erkannte ihn wieder, **seinen** (Hervorhebung J. S.) Untertan!" (HL S. 263/F S. 367)

Danach begegnet Heßling dem Kaiser nicht noch einmal. Als sein Untertan darf er aber die Aufstellung des Denkmals für Kaiser Wilhelm I. vorbereiten und schließlich die Rede bei der Einweihung

des Denkmals halten. Damit scheint er am Ende seiner Karriere zu
sein, wenn da nicht der für Diederich und sicher auch manchen
Leser unerwartete Schluss des 6. Kapitels wäre. Emmerich merkt
dazu an:

> „Der Schluss des Romans ist eine Kriegserklärung des unbeding-
> ten Moralisten Heinrich Mann an die Gesellschaftsordnung, in
> der er lebte. Handelt es sich doch, wie der Roman exemplifiziert,
> um gesellschaftlich erzeugtes Teufelswerk, nicht um metaphy-
> sische Macht des Bösen."[38]

Die Funktion der drei Frauengestalten bei der Entwicklung Diederichs zum untertänigen Machtmenschen

Agnes Göppel, Guste Daimchen und Käthchen Zillich spielen eine
ganz besondere, unverwechselbare Rolle bei der Charakterformung
Diederichs innerhalb der Pole Macht-Erleiden und Macht-Ausüben.
Das zunächst spät-pubertäre Verhalten zu Agnes mit der angedeu-
teten anderen Perspektive, nämlich der einer ehrlichen Liebesbeziehung mit allen Konsequenzen für zwei sich liebende Menschen,
einschließlich erster erotischer Erlebnisse, beendet Diederich, als
er glaubt, dass die Liebesbeziehung zu Agnes seiner weiteren Karriere nicht dienlich sein kann. Es gelingt ihm, seine Gefühle zu
zügeln und sie zugunsten seines autoritären Machtanspruchs zu
unterdrücken. Mit Härte gegen sich selbst sowie Brutalität und Zy-
nismus im Verhältnis zu Agnes beendet er die Affäre. Mit diesen
Erfahrungen kann er bei den nun folgenden Beziehungen zu Guste
und Käthchen „ökonomische Interessen und Machtstreben sowie
Triebbefriedigung vereinbaren."[39]

*Drei unterschied-
liche Frauen
begleiten Diede-
richs Weg zur
Macht*

---

38 Emmerich, S. 95.
39 Hummelt-Wittke, S. 42.

3.7 Interpretationsansätze

Aus Platzgründen verweisen wir auf die folgende Übersicht bei Hummelt-Wittke.[40]

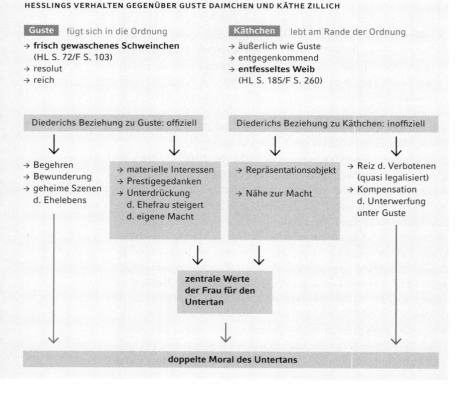

---

40 Hummelt-Wittke, S. 95.

Die Funktion des Theater-Motivs im Roman

Eine Reihe von Zitaten aus dem Roman ist für Diederichs Einstellung zu Literatur und Kunst bezeichnend:

Kulturfeindlichkeit – ein Markenzeichen des Spießbürgers

> „So viel Geld, um einen zu sehen, der Musik machte!" (HL S. 15/ F S. 23)
>
> „Der deutsche Aufsatz war ihm das Fremdeste, und wer sich darin auszeichnete, gab ihm ein unerklärtes Misstrauen ein." (HL S. 10/F S. 17)
>
> „Das sind unsere schlimmsten Feinde! Die mit ihrer sogenannten feinen Bildung, die alles antasten, was uns Deutschen heilig ist!" (HL S. 59/F S. 83)

In zwei sehr ausführlichen Episoden wird die Einstellung Diederichs zu Literatur, Musik und Theater besonders deutlich. Es handelt sich um die Aufführung des Laienspiels „Die heimliche Gräfin" (HL S. 192 ff./F S. 269 ff.) und um die Lohengrin-Episode (HL S. 247 ff./ F S. 346 ff.). Auch die Gespräche mit Wolfgang Buck, der zeitweise als Schauspieler tätig war, über das Theater und die Schauspieler sind in diesem Zusammenhang zu sehen (HL S. 223/F S. 313). Aus Platzgründen gehen wir nur auf die Lohengrin-Episode ein. In ihr geißelt Heinrich Mann den zeitgenössischen Wagnerkult. Diederich und Guste nehmen in der Bühnenloge des Netziger Stadttheaters Platz und kommentieren das Geschehen jeweils aus ihrer Sicht. Guste lässt sich hämisch über die Schauspieler aus. Diederich dagegen erfreut sich am nationalen Pathos der Aufführung:

> „Überhaupt ward Diederich gewahr, dass man sich in dieser Oper sogleich wie zu Hause fühlte. Schilder und Schwerter, viel rasselndes Blech, kaisertreue Gesinnung, Ha und Heil und hoch-

gehaltene Banner und die deutsche Eiche: Man hätte mitspielen mögen." (HL S. 248/F S. 347)

Diederichs Resümee zu den Künsten insgesamt benötigt keinen weiteren Kommentar:

„Unter den Künsten gab es eine Rangordnung. ‚Die höchste ist die Musik, daher ist es die deutsche Kunst. Dann kommt das Drama.' ‚Warum?', fragte Guste. ‚Weil man es manchmal in Musik setzen kann, und weil man es nicht zu lesen braucht, und überhaupt.' ‚Und was kommt dann?' ‚Die Porträtmalerei natürlich, wegen der Kaiserbilder. Das Übrige ist nicht so wichtig.' ‚Und der Roman?' ‚Der ist keine Kunst. Wenigstens Gott sei Dank keine deutsche: Das sagt schon der Name.'" (HL S. 253/F S. 354)

4. REZEPTIONSGESCHICHTE

ZUSAMMEN-FASSUNG

Die Rezeptionsgeschichte des Romans *Der Untertan* ist eng verknüpft mit unterschiedlichen Urteilen zum Wirken und zum Werk Heinrich Manns. Wolfgang Emmerich stellt dazu mit Bezug auf *Der Untertan* fest, dass bei dem Roman eine **Polarisierung der Kritiker** zu beobachten war: „hier die ‚national gesinnte', konservative bis reaktionäre, illiberale und triebfeindliche Rechte, die den Autor hasste (wie er sie) – dort die liberal, anarchistisch oder sozialistisch Gesonnenen, die sich mit Heinrich Mann mehr oder weniger einig wussten."[41]
Die Kritiker, so auch Bruder **Thomas Mann**, sahen in dem Roman **„nur Satire", „nur Karikatur"**[42], während seine Anhänger, wie z. B. **Kurt Tucholsky**, darauf **entgegneten: „‚Das gibt es nicht – das kann es nicht geben! Karikatur! Parodie! Satire! Pamphlet! Und ich sage: bescheidene Fotografie. Es ist in Wahrheit schlimmer, es ist viel schlimmer."**[43]
Im Folgenden soll versucht werden – in gebotener Kürze – **unterschiedliche Urteile** zur Rezeption des Romans in Form eines **literarhistorischen Abrisses** zu geben.

Zwei unterschiedliche Urteile bei Erscheinen des Buches 1918
Kurz nach dem **Erscheinen des Romans** schrieb der Schriftsteller **Arthur Schnitzler in einem Brief an Heinrich Mann**:

---

41 Emmerich, S. 127.
42 Emmerich, S. 128.
43 Zitiert nach Emmerich, S. 139.

„Zwischen Weihnachten und Neujahr habe ich Ihren ‚Untertan'
gelesen, der mir, selbst an Ihren Werken gemessen, eine außer-
ordentliche Leistung vorzustellen scheint; kühn im Entwurf, unerbittlich in der Durchführung, von wildestem Humor, und mit
unvergleichlicher Kunst erzählt."[44]

Zu einem **anderen Urteil** kam **Hermann Nagel in einem offenen
Brief an Heinrich Mann:**

„Untertanen von Ihrem Schlage befinden sich nur in Ihrem
beschränktem Gesichtskreise, in Berlin WW und im Cafe
‚Größenwahn', darin setze ich keinen Zweifel. Und insofern, als
sie nur Ihren eigenen Gesellschaftskreis, Ihr trautes Heim und
Ihre Freunde schildern, möchte ich dem keinen ernstlichen
Widerspruch entgegensetzen."[45]

Rezensionsbeispiele aus der Weimarer Republik
Auch in der **Weimarer Zeit** setzen sich die Kontroversen um den
Roman fort. **Kurt Tucholsky** wurde in diesem Zusammenhang
schon mehrfach als streitbarer **Befürworter** von Heinrich Manns
Der Untertan hier zitiert.

In **Adolf Bartels Literaturgeschichte** *Die deutsche Geschichte
der Gegenwart* **findet sich ein vernichtendes Urteil:**

„Mir ist Heinrich Mann immer zu wüst gewesen, als dass ich
ihn hätte ernst nehmen können; seit seinen letzten Romanen,
zumal dem *Untertan*, betrachte ich ihn einfach als nationalen
Schädling."[46]

---

44 *Heinrich Mann 1871–1950*, S. 142.
45 Zitiert nach Emmerich, S. 132 f.
46 Emmerich, S. 137.

| 4 REZEPTIONS-GESCHICHTE | 5 MATERIALIEN | 6 PRÜFUNGS-AUFGABEN |

Die Rezeption des *Untertan* im faschistischen Deutschland

Zur Heinrich-Mann-Rezeption während des Nationalsozialismus in Deutschland findet sich bei **Wolfgang Emmerich** die folgende Anmerkung:

> „Das Heinrich-Mann-Bild der gleichgeschalteten deutschen Literaturgeschichtsschreibung unter dem Faschismus ist eines der totalen Negativität, Ignoranz, und Verunglimpfung. Man macht sich nicht einmal mehr die Mühe, auf den *Untertan* oder andere Werke konkret einzugehen ..., sondern schweigt den Autor zumeist schlicht tot."[47]

Wirkung im Ausland bis 1945

Auf die erste Herausgabe des Werkes in russischer Sprache wurde an anderer Stelle bereits hingewiesen. Insgesamt wurde der Roman in zahlreiche Fremdsprachen übersetzt, so z. B. ins Englische, ins Französische, ins Italienische und Japanische. Frederick Betz geht in seinen Erläuterungen und Dokumenten auf weitere Übersetzungen des Romans ein. 1921 erschien *Der Untertan* in New York unter dem Titel *The Patrioteer*.

> „In der amerikanischen Literaturkritik ... wurde *The Patrioteer* ... als eine scharfe Satire von epischer Breite gewürdigt, in der das imperialistische Deutschland so treffend entlarvt werde wie die Vereinigten Staaten in Sinclair Lewis' 1920 publizierten Roman *Main Street*."[48]

---

47 Emmerich, S. 141.
48 Betz, S. 131.

DER UNTERTAN

Rezeption nach 1945 in Ost und West

Auch nach dem **Zweiten Weltkrieg blieb das Urteil** zu Heinrich Mann und seinem Werk **zwiespältig.** Besonders die **marxistisch** bestimmten Urteile und die Wertungen der **bürgerlich-humanistischen** Schriftsteller und Germanisten **unterschieden sich.**

Unmittelbar nach dem Zweiten Weltkrieg schrieb der marxistische Philosoph und Literatursoziologe **Georg Lukacs** in seinem Werk *Deutsche Literatur im Zeitalter des Imperialismus:*

> „Heinrich Mann aber ist ein Anti-Spießer im Sinne der französischen Revolution, die es unternahm, nicht nur den Aristokratismus, sondern auch das Philistertum auszurotten."[49]

In der **sowjetischen Besatzungszone** und dann in der **DDR** wurde die **positive Rezeption des Romans** ohne Abstriche fortgesetzt. Belege für diese Wertung sind u. a. die Aufnahme des Werkes in alle **Lehrpläne zum Literaturunterricht** in der DDR (9. und 12. Schuljahr) und die **Verfilmung** des Buches durch Wolfgang Staudte (1951).

Marcel Reich-Ranicki sah diese Entwicklung in Ostdeutschland und in der DDR allerdings durchaus **kritisch** (1987):

> „Wer will, mag Heinrich Mann hochjubeln. Dies hat man in Ostberlin in den fünfziger und auch noch in den sechziger Jahren getan – so aufdringlich und so hartnäckig, dass eine ganze in der DDR aufgewachsene Generation jetzt nicht einmal seinen Namen hören will. Inzwischen ist man dort vernünftiger gewor-

---

49 Emmerich, S. 145.

| 4 REZEPTIONS-GESCHICHTE | 5 MATERIALIEN | 6 PRÜFUNGS-AUFGABEN |

den und schreibt über ihn in der Regel sachlich, bisweilen auch nicht unkritisch."[50]

Wie aber sah die **Heinrich-Mann-Rezeption** in der **Bundesrepublik Deutschland** aus? Bei **Wolfgang Emmerich** findet sich 1980 folgende Antwort auf diese Frage:

„In den Westzonen und seit 1949 der Bundesrepublik hat *Der Untertan* zunächst gar keine neue massenhafte Wirkung getan, blieb unbekannt und ungelesen. ... Erst Ende der 60er-Jahre, mit dem neu erwachten Interesse der Studentenbewegung am Obrigkeitsstaat und den Produktionsverhältnissen des autoritären Charakters, ist es in der BRD zu einer neuerlichen Lektüre und Analyse des Romans gekommen. Schließlich wurde er 1978 sogar in die ‚100 Bücher der Weltliteratur' der Wochenzeitung *Die Zeit* aufgenommen. ..."[51]

Reich-Ranicki sah zumindest die Rolle der westdeutschen Verlage bei der Heinrich-Mann-Rezeption weit positiver:

„Zwei westdeutsche Verlage wetteifern in der Bemühung, uns auch noch die unerheblichsten (um nicht zu sagen gänzlich missratenen) Bücher Heinrich Manns in möglichst zuverlässigen und zum Teil liebevoll bearbeiteten Editionen zugänglich zu machen. Seine *Gesammelten Werke in Einzelausgaben* erscheinen im Claassen Verlag. ... Derselbe Verlag hat 1976 eine zehnbändige Taschenbuch-Kassette mit einer Auswahl seiner Romane

---

50 Reich-Ranicki, Marcel: *Thomas Mann und die Seinen*. Frankfurt [10]2001, S. 126.
51 Emmerich, S. 150.

DER UNTERTAN   83

und Novellen auf den Markt gebracht. Bei S. Fischer wiederum wurde eine *Studienausgabe in Einzelbänden* verlegt."[52]

Der Literaturkritiker bescheinigte den Verlagen, dass sie sich "viel Mühe gegeben haben."[53] Er sah das Desinteresse am Werk Heinrich Manns auch nicht vordergründig in unterschiedlichen ideologischen Positionen bei dem Dichter und seinen Kritikern begründet, sondern auch in der Frage "nach der Qualität der Werke Heinrich Manns."[54]

"Er schrieb gern, viel und schnell. Er war fleißig, doch gehörten Sorgfalt, Geduld und Ausdauer zu seinen Tugenden nicht."[55]

Andererseits lobte der Schriftsteller und Nobelpreisträger **Heinrich Böll** 1969 in der Zeitschrift *Akzente* den Roman *Der Untertan* mit folgenden Worten:

"Im *Untertan* ist die deutsche Klein- und Mittelstadtgesellschaft bis auf den heutigen Tag erkennbar. ... Ich war erstaunt, als ich den *Untertan* jetzt wieder las, erstaunt und erschrocken: Fünfzig Jahre nach seinem Erscheinen erkenne ich immer noch das Zwangsmodell einer untertänigen Gesellschaft."[56]

---

52 Reich-Ranicki, S. 115 f.
53 Reich-Ranicki, S. 116.
54 Reich-Ranicki, S. 116.
55 Reich-Ranicki, S. 116.
56 Zitiert nach Emmerich, S. 156 f.

Der Staudte-Film *Der Untertan*

Sehr unterschiedlich war auch **das Echo auf den Film** *Der Untertan*, der 1951 nach dem auflagenträchtigsten Buch Heinrich Manns gedreht wurde. Bereits kurz nach der Uraufführung wurde der Film in der **sowjetischen Zeitung** *Prawda* **überschwänglich gelobt**: „Der Film *Der Untertan* ist eine hervorragende Satire nicht nur über das Kaiserdeutschland, sondern auch über die heutigen Heßlings, die auf Weisung der amerikanisch-englischen Imperialisten die Remilitarisierung Westdeutschlands betreiben."[57]

Somit war der Film mitten in die Auseinandersetzungen des Kalten Krieges geraten. Der Regisseur Wolfgang Staudte hatte den Film um einen Epilog erweitert, der ihm besonders in der DDR Anerkennung und Preise einbrachte. Der **Deutschlandfunk** erinnerte **am 31. August 2001** an die Uraufführung des Filmes im Jahr 1951. Dabei wurde auch auf die Wirkung des Filmes in der DDR eingegangen:

Plakat zum Film *Der Untertan*, DDR 1951, Regie Wolfgang Staudte

> „Der Schauspieler Werner Peters erlebte in dieser Rolle des Diederich Heßling den Höhepunkt seiner kurzen Kinokarriere. Besonders am Schluss, als er die Enthüllungsrede für ein Denkmal des vergötterten Kaisers Wilhelm Zwo zu halten hat, läuft Peters zu Hochform auf. Wolfgang Staudte verlängerte das Ende des Romans um einen Epilog, der vom säbelrasselnden Kaiserreich bis zu den Trümmern, die der Nazikrieg hinterließ, eine

---

57 Brüning, Jens: *Wir erinnern. Vor 50 Jahren: Uraufführung des DEFA-Films „Der Untertan"*. Manuskript Deutschlandfunk. Hintergrund Kultur. Sendung vom 31. 08. 2001.

Linie zieht. Von der DDR gab es für diese Leistung einen Nationalpreis 2. Klasse."[58]

Das Nachrichtenmagazin *Der Spiegel* tadelte Staudte noch sechs Jahre später (1957) für seinen Film:

> *„Der Untertan* ist ein Paradebeispiel ostzonaler Filmpolitik: Man lässt einen politischen Kindskopf wie den verwirrten Pazifisten Staudte einen scheinbar unpolitischen Film drehen, der aber geeignet ist, in der westlichen Welt Stimmung gegen Deutschland und damit gegen die Aufrüstung der Bundesrepublik zu machen. Der Film lässt vollständig außer Acht, dass es in der ganzen preußischen Geschichte keinen Untertan gegeben hat, der so unfrei wäre wie die volkseigenen Menschen unter Stalins Gesinnungspolizei es samt und sonders sind."[59]

Der Film wurde 1951 nach „Interventionen aus der Politik" bei den Heidelberger Filmkunsttagen nicht zum Festivalsieger gekürt.[60]

Ausblick

Ende **2001** bahnte sich eine **Renaissance bei der Rezeption der Werke der Gebrüder Mann** an. Der renommierte Dokumentarspielfilmer Heinrich Breloer nahm sich der berühmten Familie Mann an und drehte für das Fernsehen in je zweimal drei Folgen zwei Filme mit den Titeln *Die Manns* bzw. *Unterwegs zur Familie Mann. Die Manns* wurde im Dezember 2001 von **Arte** und **ARD** gesendet, *Unterwegs zur Familie Mann* etwas später.

---

58 Brüning, Manuskript.
59 Brüning, Manuskript.
60 Brüning, Manuskript.

| 4 | REZEPTIONS-GESCHICHTE | 5 | MATERIALIEN | 6 | PRÜFUNGS-AUFGABEN |

In Vorbereitung dieses Ereignisses wurden in vielen Buchhandlungen die Werke der Manns mit besonderem Aufwand präsentiert. Werden sich nun in diesen medienverwöhnten Zeiten auch wieder mehr Leser für den Roman *Der Untertan* finden?

| 1 SCHNELLÜBERSICHT | 2 HEINRICH MANN: LEBEN UND WERK | 3 TEXTANALYSE UND -INTERPRETATION |

5. MATERIALIEN

Zur Biografie
Heinrich Manns

In *Meine ungeschriebenen Memoiren* berichtete **Katia Mann über das Verhältnis der Brüder zueinander**, „das sich zwischen Anziehung und Abstoßung bewegte."[61] Für Katia Mann, die Frau des Dichters Thomas Mann, war Heinrich „der merkwürdigste Mensch, den man sich denken konnte. Er war sehr formell – eine Mischung von äußerster Zurückhaltung und dabei doch auch wieder Zügellosigkeit."[62] Etwas später stellte sie fest, dass die Brüder mit der Zeit auch politisch auseinanderwuchsen, „denn Heinrich war ganz französisch-lateinisch orientiert, wohingegen mein Mann seinen kulturellen Wurzeln nach deutsch war, absolut deutsch."[63] Sie sprach in den Memoiren auch den schmerzlichen Bruch zwischen den Brüdern an, der durch Heinrich Manns *Zola-Essay* endgültig vollzogen wurde:

„Mit Heinrichs *Zola-Essay* kam es dann zum Bruch, und zwar zu einem Bruch, unter dem beide sehr gelitten haben. .... Die Brüder hatten schon wiederholt miteinander disputiert, weil Heinrich eben ganz westlich orientiert war und mein Mann, wenn auch bis zum Ausbruch des Krieges absolut nicht nationalistisch, so doch durch den Krieg seine derzeitige Stellung geändert hatte und eine Zeit lang die Legenden von der Missgunst der anderen Staaten von der Einkreisung Deutschlands, seinem Nieder- und Untergang glaubte."[64]

---

61 Mann, Katia: *Meine ungeschriebenen Memoiren*. In: Familie Mann. Ein Lesebuch. Hg. v. Barbara Hoffmeister. Hamburg 1999, S. 118.
62 Mann, Katia, S. 118.
63 Mann, Katia, S. 119.
64 Mann, Katia, S. 119 f.

| 4 REZEPTIONS-GESCHICHTE | 5 MATERIALIEN | 6 PRÜFUNGS-AUFGABEN |

Stefan Ringel berichtet in seiner Heinrich-Mann-Biografie von einer **Lohengrin-Aufführung,** die Heinrich Mann besucht hat und die ihm als **Vorlage für die Lohengrin-Episode** im Roman diente:

Zur Entstehungs-geschichte des Romans

„In Augsburg verfolgte Heinrich Mann eine Lohengrin-Aufführung, um Wagners Wirkung auf deutsche Gemüter studieren zu können. Vergnügt schrieb er an Mimi Kanová: ‚Der Lohengrin in Augsburg war trist u. komisch, was für mich aber nicht weniger am Stück als an der Aufführung liegt. Ich habe Beobachtungen im Sinne Diederichs und Gustes gemacht, habe alles notiert, mache vielleicht einige hübsche Seiten daraus. Wie viel Dummheit in so einem Wagner-Helden, in dem Chor, in allem!'"[65]

Zu den **Reden des Kaisers als Vorlage für Diederich Heßlings Reden: Ernst Johann** nimmt in seinen Band *Reden des Kaisers* auch eine Rede auf, die **Wilhelm II. am 14. Mai 1889** vor **einer Abordnung streikender Bergleute** gehalten hat. Diese Rede diente Heinrich Mann als Vorlage für die Rede, die Diederich Heßling vor den Arbeitern seiner Fabrik hielt.[66]

Zu den Reden Kaiser Wilhelms II.

„Was die Forderungen selbst betrifft, so werde Ich diese durch Meine Regierung genau prüfen und euch das Ergebnis der Untersuchung durch die dazu bestimmten Behörden zugehen lassen. Sollten aber Ausschreitungen gegen die öffentliche Ordnung und Ruhe vorkommen, sollte sich der Zusammenhang der Bewegung mit sozialdemokratischen Kreisen herausstellen, so würde Ich nicht imstande sein, eure Wünsche mit Meinem königlichen Wohlwollen zu erwägen. Denn für Mich ist jeder Sozialdemokrat gleichbedeu-

---

65 Ringel, S. 164.
66 *Reden des Kaisers*, S. 43.

1 SCHNELLÜBERSICHT	2 HEINRICH MANN: LEBEN UND WERK	3 TEXTANALYSE UND -INTERPRETATION

tend mit Reichs- und Vaterlandsfeind. Merke Ich daher, dass sich sozialdemokratische Tendenzen in die Bewegung mischen und zu ungesetzlichem Widerstande anreizen, so würde Ich mit unnachsichtlicher Strenge einschreiten und die volle Gewalt, die Mir zusteht – und die ist eine große – zur Anwendung bringen."[67]

[die Großschreibung der Personalpronomen: Ich, Meine, Mir sowie die Kleinschreibung: euch, eure in der Rede ist beabsichtigt]

Zur Wirkungsgeschichte des Romans

Wenn es um die **Wirkungsgeschichte des Romans** geht, wird oft **Kurt Tucholsky** zitiert. In der *Weltbühne* schrieb der Dichter schon **1919** Folgendes zu Heinrich Manns Roman:

„Dieses Buch Heinrich Manns, heute, Gott sei Dank, in aller Hände, ist das Herbarium [lat. Sammlung getrockneter Pflanzen] des deutschen Mannes. Hier ist er ganz: in seiner Sucht, zu befehlen und zu gehorchen, in seiner Rohheit und in seiner Religiosität, in seiner Erfolgsanbeterei und in seiner namenlosen Zivilfeigheit. Leider: es ist der deutsche Mann schlechthin gewesen; wer anders war, hatte nichts zu sagen, hieß Vaterlandsverräter. …"[68]

Der Roman ist **für Kurt Tucholsky ein Spiegelbild der damaligen Gesellschaft:**

„Die alte Ordnung, die heute noch genau so besteht wie damals, nahm und gab dem Deutschen: Sie nahm ihm die persönliche Freiheit und sie gab ihm die Gewalt über andere. Und sie ließen sich alle so willig beherrschen, wenn sie nur herrschen durften. Sie durften. Der Schutzmann über den Passanten, der Unteroffizier über den

---

67 *Reden des Kaisers*, S. 44 f.
68 Tucholsky, Kurt: … *Ganz anders*. Berlin 1958, S. 149.

Rekruten, der Landrat über den Dörfler, der Gutsverwalter über den Bauern, der Beamte über Leute, die sachlich mit ihm zu tun hatten. Und jeder strebte nur immer danach, so ein Amt, so eine Stellung zu bekommen – hatte er die, ergab sich das Übrige von selbst. Das Übrige war: sich ducken und regieren und herrschen und befehlen."[69]

Es soll nicht verschwiegen werden, dass es auch zum *Untertan* **kritische Stimmen** gibt. Der bekannte Literaturkritiker **Marcel Reich-Ranicki**, der sich auch ausführlich mit der Familie Mann befasst hat, äußerte sich durchaus auch kritisch zu diesem Roman:

„An keinem seiner Romane hat Heinrich Mann so lange und so gründlich gearbeitet wie am *Untertan*. ... Aber im Grunde haben wir es, ungeachtet aller französischen Einflüsse, mit einem typischen deutschen Bildungsroman zu tun. ... Die vielen Episoden und Genreszenen dienen als Hintergrund für die Lebensgeschichte jenes Diederich Heßling, der beides zugleich und auf einmal ist – ein sich feige duckender Untertan und ein sadistischer Tyrann, so borniert wie großsprecherisch. ... – all das füllt die ersten Kapitel, und es ist glanzvoll sichtbar gemacht, mit wahrhaft imponierender Angriffslust und kaum verhehlter Schadenfreude. Doch nach etwa einem Drittel des Romans lässt das Interesse merklich nach und man fragt sich insgeheim und mit schlechtem Gewissen ..., ob es denn wirklich nötig sei, die Lektüre fortzusetzen."[70]

Bei den *Bildern aus dem Geschäftsleben* findet sich bei Kurt Tucholsky ein Text mit der Überschrift *Der Angestellte, der etwas werden*

Der deutsche Spießbürger – bei Tucholsky ein Nachfahre Diederich Heßlings

---

69   Tucholsky, S. 152.
70   Reich-Ranicki, S. 128.

will. Hier begegnet der Leser dem Typus des Untertans erneut, der anonyme Angestellte könnte ein Nachfahre von Diederich Heßling sein. Der Text wurde zwischen 1924 und 1926 geschrieben.

„Der Angestellte, der etwas werden will, ist von beflissenem Eifer. Er steht kurz vor seiner Beförderung zum (… nach Belieben auszufüllen). Dieser Angestellte ist schon eine Viertelstunde vor Beginn des Dienstes da und geht niemals mit den andern nach Hause, sondern bleibt, sehr wichtig mit einer Feder hinter dem Ohr, bis sieben Uhr des Abends. Der Angestellte, der etwas werden will, steckt auffallend viel mit den Prokuristen zusammen und schielt heimlich-sehnsüchtig auf die Sondertoilette, die jene benutzen dürfen. Der Angestellte, der etwas werden will, hat manchmal schon etwas Herablassendes im Ton, wenn er mit den jüngeren Kollegen spricht. Er kritisiert niemals Maßnahmen der Geschäftsleitung, sondern findet selbst für die blödsinnigsten Anordnungen der Chefs immer irgendeinen Entschuldigungsgrund. Wenn das ganze Büro schreit: ‚Na, das versteh ich nicht!' – so sagt er mit einer gewissen Überlegenheit: ‚Wahrscheinlich sind die Chefs der Meinung, dass …' Der Angestellte, der etwas werden will, arbeitet musterhaft, mit zusammengepressten Lippen, und achtet sehr darauf, dass kein anderer etwas werden kann.

Eines Tages wird seine Mühe gelohnt: Er wird befördert. Es überrascht ihn wenig. Er sieht bereits darauf, die nächste Stufe zu erklimmen. Er ist mit Vorsicht zu genießen, weil er beim Klettern gern nach unten tritt."[71]

---

71 *Das Tucholsky Lesebuch.* Zusammengestellt v. Daniel Keel u. Winfried Stephan. Zürich 2007, S. 97 ff.

6. PRÜFUNGSAUFGABEN MIT MUSTERLÖSUNGEN

Unter www.königserläuterungen.de/download finden Sie im Internet zwei weitere Aufgaben mit Musterlösungen.

Die Zahl der Sternchen bezeichnet das Anforderungsniveau der jeweiligen Aufgabe.

Aufgabe 1 ****

Analysieren und interpretieren Sie den Weg Diederich Heßlings zu seiner politischen Karriere in Netzig! Berücksichtigen Sie insbesondere den Majestätsbeleidigungsprozess! (HL S. 149–172/F S. 210–242)

Mögliche Lösung in knapper Fassung:

Zu Beginn des 3. Kapitels wird Diederich das Oberhaupt der Familie Heßling und Chef der väterlichen Papierfabrik. Noch bewegt er sich damit im inneren Kreis der Macht. Bereits bei seiner Antrittsrede vor den Arbeitern der Papierfabrik (HL S. 74 ff./F S. 105 ff.) wird deutlich, wie sich Diederich seinen weiteren Weg zu Macht und Karriere in Netzig vorstellt. Zunächst will er Ordnung in der Fabrik schaffen: „Ich bin gewillt, mal Zug in den Betrieb zu bringen … Diejenigen …, welche sich mir bei dieser Arbeit entgegenstellen, zerschmettere ich." (HL S. 75/F S. 106) Nach dieser an seine Arbeiter und Angestellten gerichteten Drohung folgt die politische Kampfansage, die über den Betrieb hinausgeht, wenn er ankündigt, dass jeder Sozialdemokrat für ihn ein Feind seines Betriebes und ein Vaterlandsfeind sei. (HL S. 75/F S. 107) Die Familienangehörigen folgen ihm ehrfurchtsvoll, von ihnen hat Diederich nichts mehr zu

ANALYSE

| 1 SCHNELLÜBERSICHT | 2 HEINRICH MANN: LEBEN UND WERK | 3 TEXTANALYSE UND -INTERPRETATION |

befürchten – aber die Arbeiter schauen einander noch lange stumm an. (HL S. 75/F S. 107) Später gelingt es Diederich, den Sozialdemokraten Napoleon Fischer für seine Ziele einzuspannen, sodass die Arbeiter im weiteren Verlauf der Handlung – vielleicht die Szene bei der Erschießung des Arbeiters vor dem Hause des Regierungspräsidenten ausgenommen – keine entscheidende Rolle mehr spielen. Im engen Kreis der Familie erfolgt schon bald die Kampfansage an den in Netzig allseits geachteten alten Herrn Buck, den er vollkommen zu Recht als seinen größten Widersacher auf dem Weg zur Macht ansieht. (HL S. 76/F S. 108).

In den Antrittsbesuchen Heßlings bei den Honoratioren der Stadt spiegeln sich wie durch ein Vergrößerungsglas betrachtet die Machtverhältnisse im wilhelminischen Deutschland wider (Adel, Offiziere, Unternehmer, Verwaltung, Intelligenz, Justiz, Kirche, Schule).

Der Opportunist Heßling sieht es nach einigem Zögern als zweckmäßig an, nicht dem Bürgermeister, sondern zuerst dem alten Buck seinen Antrittsbesuch abzustatten. Er dient sich zunächst bei dem altern Herrn mit einigen Floskeln an, um die Auffassung seines Gesprächspartners zu erkunden. Dabei beteuert Diederich seine liberale Gesinnung. (HL S. 81 und 85/F S. 115 und 220) Als das Gespräch auf das einige Deutsche Reich, nach Meinung Diederichs von den Hohenzollern geschaffen, kommt, werden die grundsätzlichen Unterschiede zwischen beiden deutlich. Der alte Buck ist nämlich der Meinung, dass diese innere Einheit des deutschen Volkes erst zu schaffen sei. (HL S. 83/F S. 118) Das Fazit Heßlings nach dieser Begegnung: „Vorläufig muss man sich noch mit ihm verhalten, aber wehe, wenn ich der Stärkere bin!" (HL S. 85/F S. 121)

Beim Besuch in der Wohnung des Bürgermeisters Scheffelweis trifft Diederich auch gleich noch eine weitere wichtige Persönlichkeit des Ortes, den Vertreter der Staatsanwaltschaft, Assessor

| 4 REZEPTIONS-GESCHICHTE | 5 MATERIALIEN | 6 PRÜFUNGS-AUFGABEN |

Dr. Jadassohn. (HL S. 86/F S. 122) Jadassohn und Diederich finden schnell die Gemeinsamkeiten ihrer deutsch-nationalen Gesinnung heraus, während sie den Bürgermeister auffordern, in seiner Stadt das „nationale Banner" hochzuhalten (HL S. 88/F S. 125), denn mit dem alten „freisinnigen Schlendrian" müsse von Grund auf „aufgeräumt werden." (HL S. 89/F S. 126) In der Unterhaltung gibt Diederich auch preis, welche Personen er für diesen Schlendrian in Netzig verantwortlich macht, nämlich den alten Buck und dessen Schwiegersohn, den Fabrikanten Lauer. (HL S. 89/F S. 125)

Die Erschießung eines Arbeiters aus der Fabrik Heßlings führt zu einer heftigen Auseinandersetzung vor Ort zwischen den beiden politischen Lagern in Netzig. Im Ratskeller verlassen immer mehr Anhänger der Bruderschaft um den Fabrikanten Lauer das Lokal. Nur Heuteufel und Lauer saßen noch „vereinsamt" da. (HL S. 105/F S. 149) Diederich hatte sie zusammen mit Dr. Jadassohn in die Flucht geschlagen. Im Hochgefühl seines Sieges über die Vaterlandsverräter verspricht Jadassohn, Lauer wegen Hochverrats anzuklagen. (HL S. 105 f./F S. 149) Im Zusammenhang mit der gefälschten Kaiserdepesche kündigt Diederich auch Dr. Heuteufel den Kampf an. (HL S. 118 ff./F S. 166 ff.) Am Ende formieren sich um Diederich die kaisertreuen Untertanen und Repräsentanten der Macht in Netzig: Assessor Dr. Jadassohn, Pastor Zillich, Gymnasialprofessor Kühnchen und Major Kunze. Durch die Einbeziehung Jadassohns in seine Pläne schafft Diederich sich die Grundlage für ein Bündnis mit der Justiz, was ihm bei dem Prozess gegen Lauer (Majestätsbeleidigung) von Nutzen sein wird.

Heinrich Mann hat in seinem hier schon zitierten Brief (S. 67) vom 14. Januar 1913 den Majestätsbeleidigungsprozess besonders hervorgehoben: „Der Majestätsbeleidigungsprozess ist das Centrum, und der centrale Punkt des Plaidoyer des Vertheidigers, das den Typus des Unterthans direkt hinstellt, und das ich sehr soi-

TEXTIMMANENTE INTERPRETATION

gniert (gepflegt, J. S.) habe." Das Plädoyer von Wolfgang Buck (HL S. 167–171/F S. 235–241) ist der Versuch, die Untertanenmentalität Diederich Heßlings zu entlarven. Wolfgang Bucks Verteidigungsrede ist deutlich strukturiert. Sie spannt einen Bogen von der Unschuldsvermutung für den Angeklagten Lauer bis zum Appell an die Richter, die er auffordert, „zwischen Streberei und mutiger Arbeit, zwischen Komödie und Wahrheit zu entscheiden." (HL S. 171/F S. 240)

STILMITTEL PERSPEKTIVWECHSEL UND INNERER MONOLOG

Der Erzähler wechselt in den Kommentaren einige Male die Perspektive, so wird gleich zu Beginn aus der Perspektive Heßlings erzählt: „Seine sonderbaren Freunde auf der Tribüne murmelten beifällig." (HL S. 167/F S. 235) Dann wieder bemüht sich der Erzähler bei der Beschreibung der Verhandlung um Neutralität und Sachlichkeit, und dann wieder erfahren wir über den inneren Monolog Diederichs von dessen Gedanken und Gefühlen bei der Verteidigungsrede Bucks: „Warum schützte Sprezius ihn nicht? Es wäre seine Pflicht gewesen! Einen nationalgesinnten Mann ließ er in öffentlicher Sitzung verächtlich machen – von wem? Vom Verteidiger, dem berufsmäßigen Verteidiger der subversiven Tendenzen! Da war etwas faul im Staat!" (HL S. 168/F S. 237) Obwohl Diederich zunächst nach der Rede Bucks „arg beklommen war", wird Lauer verurteilt, so verlässt Diederich schließlich doch noch als Sieger den Gerichtssaal.

Die Folgen des Prozesses machen sich für Diederichs Aufstieg zur Macht überall bemerkbar. Endlich zollt ihm auch der Gerichtspräsident von Wulckow die lang ersehnte Anerkennung; der Pakt zwischen beiden wird geschlossen, als Wulckow Diederich bei ihrer Begegnung nach dem Prozess auf die Schulter klopft und sagt: „Sie haben das Rennen gemacht. Sehr brauchbare Gesinnung. Wir sprechen uns noch." (HL S. 165/F S. 233) Später kommt es bei Heßlings Besuch beim Regierungspräsidenten zu dem angedeute-

4 REZEPTIONS-GESCHICHTE	5 MATERIALIEN	6 PRÜFUNGS-AUFGABEN

ten Gespräch. Von Wulckow lässt Diederich gegenüber seine Macht unverhüllt spüren. (HL S. 240/F S. 337) Diederich muss sich eingestehen, dass am Ende „der Präsident ihn als Bundesgenossen nicht lieber ertrug als er selbst seinen Maschinenmeister." (HL S. 242/F S. 339)

Die Sozialisation des Untertans Diederich Heßling auf dem Weg zur Macht in Netzig ist damit vorerst abgeschlossen.

Aufgabe 2 ****

Analysieren Sie die Episode vom Besuch Diederichs beim Regierungspräsidenten von Wulckow (HL S. 234/F S. 329) und den Text von Kurt Tucholsky *Der Angestellte* (Materialien S. 92). Vergleichen und interpretieren Sie beide Texte unter besonderer Berücksichtigung der Situation, in der sich Diederich Heßling im Roman Heinrich Manns und der Angestellte in Kurt Tucholskys Text befinden.

Mögliche Lösung in knapper Fassung:

Diederich Heßling ist es gelungen, seine Gegner und Konkurrenten politisch und geschäftlich durch Intrigen, Verleumdungen, Korruption und Ausprägung seiner Untertanenmentalität in Netzig zu isolieren bzw. wirtschaftlich zu ruinieren. Einzig der Regierungspräsident von Wulckow, den er als Autorität und Vertreter der Regierung verehrt und bewundert, bleibt für ihn noch unerreichbar. Deshalb kann er noch nicht den für ihn wichtigen Pakt mit der Obrigkeit und dem Repräsentanten des Adels schließen. Diesem furchteinflößenden Präsidenten nähert er sich in der Episode als das ängstliche Individuum, das wir in den ersten beiden Kapiteln kennengelernt haben. Er darf von Wulckow seine Aufwartung machen. Die Episode gilt als ein Muster satirischer Gestaltung des Textes durch

DIEDERICH HESS-LINGS SITUATION IM ROMAN

Heinrich Mann. Das zeigt sich u. a. schon in der Situationskomik der ersten Szene, bei der Begegnung mit der Dogge des Präsidenten. Sie erscheint Diederich wie ein ungeheures Fabelwesen, das ihn erniedrigt, bevor er überhaupt ein Wort mit Wulckow wechseln kann. „Interesse an Diederich nahm nur der Hund …, seine Verachtung ging in Feindseligkeit über; mit gefletschten Zähnen beschnupperte er Diederichs Hosen, fast war es kein Schnuppern mehr." (HL S. 235/F S. 330) Im inneren Monolog begehrt Diederich ob dieser Erniedrigung auf, dann aber obsiegt seine demütig-kriecherische Haltung und er ist über seine aufrührerischen Gedanken tief erschrocken. Dieser Widerspruch zwischen Gedanken und Gefühlen einerseits sowie der äußerlichen Handlung andererseits bleibt über lange Textpassagen bestehen. An einer Stelle des Dialogs droht die Situation zu eskalieren, als es um den Verkauf von Grundstücken geht und Diederich für einen Augenblick ungenau in seiner Wortwahl ist. Der Präsident braust auf und bezichtigt Diederich der Beamtenbeleidigung. Der satirische Kommentar des Erzählers dazu: „‚Sie machen sich einer schweren Beamtenbeleidigung schuldig, Herr!', schrie Wulckow, und Diederich, der hinter sich nach der Tür tastete, hatte nur Vermutungen darüber, wer ihm früher an der Kehle sitzen werde, der Hund oder der Präsident." (HL S. 241/F S. 337) Dann aber schlüpft Diederich wieder in sein untertäniges Gewand unter dem er, seiner Mentalität entsprechend, seine unverwechselbare Individualität wieder aufgeben kann. Der Untertan hat in Netzig seinen Meister gefunden: „‚Ich bringe das Opfer!', erklärte er. ‚Denn das Höchste, was der kaisertreue Mann hat, meine kaisertreue Gesinnung, muss über jedem Verdacht stehen.'" (HL S. 242/F S. 339)

DER ANGESTELLTE IN TUCHOLSKYS TEXT

Kurt Tucholskys Text *Der Angestellte, der etwas werden will* findet sich unter den Prosastücken *Bilder aus dem Geschäftsleben* und wurde zwischen 1924–1926 geschrieben. Kurt Tucholsky hat sich oft sehr positiv zu Heinrich Manns Roman geäußert. Mit Blick auf den vorliegenden Text sei aus einem Brief an Heinrich Mann aus dem Jahr 1919, in dem er davon spricht, dass das Buch „das Herbarium des deutschen Mannes" sei, zitiert. „Hier ist er ganz: in seiner Sucht zu befehlen und zu gehorchen ... und in seiner Erfolgsanbeterei und in seiner namenlosen Zivilfeigheit."[72] Diese Charakterisierung trifft auch ganz auf den Angestellten zu, den uns Tucholsky in seinem Text vorstellt. Der Angestellte, der etwas werden will, hat etwas Herablassendes im Ton gegenüber jüngeren Kollegen, er kritisiert niemals Maßnahmen der Geschäftsleitung, er arbeitet mit zusammengepressten Lippen und achtet darauf, dass kein anderer etwas werden kann, er ist mit Vorsicht zu genießen, weil er gern nach unten tritt.

Beide Texte haben eine ganz unterschiedliche Struktur. Die Episode aus dem *Untertan* wird satirisch erzählt, wobei der Erzähler die beiden Protagonisten zu Wort kommen lässt und der Untertan seine Gefühle und Gedanken zum Dialog mit dem Präsidenten im inneren Monolog äußert. Der Text von Tucholsky ist wie ein Kommentar des Erzählers geschrieben. Er erscheint sachlich informierend, bei genauerem Hinsehen wird aber der sarkastische Humor deutlich, mit dem Tucholsky den Charakter des Angestellten beschreibt. Ein weiterer Unterschied besteht darin, dass der Angestellte anonym bleibt, der Untertan bei Heinrich Mann aber einen Namen und eine Biografie hat. Und Diederich Heßling macht als Unternehmer und Politiker Karriere im Kaiserreich, der Angestellte will befördert werden und eine weitere Stufe in der Karriere erreichen. Wenn wir die Entstehungszeit von Tucholskys Text beiziehen, können wir an-

VERGLEICHENDE TEXTÜBERGREIFENDE INTERPRETATION

---

72   Zitiert nach *Heinrich Mann 1871–1950*, S. 142.

| 1 SCHNELLÜBERSICHT | 2 HEINRICH MANN: LEBEN UND WERK | 3 TEXTANALYSE UND -INTERPRETATION |

nehmen, dass ein Angestellter in Deutschland während der Weimarer Republik gemeint ist. Der Ort seines Wirkens bleibt anonym, während Heßling seine Karriere ausschließlich in der Kleinstadt Netzig anstrebt.

Trotz dieser skizzierten Unterschiede bleibt, dass beiden Protagonisten Erfolgsanbeterei und Machtstreben, bedingungslose Unterordnung gegenüber Höhergestellten, Feigheit und Überheblichkeit gegenüber Untergebenen gemeinsam sind – Eigenschaften, die dem deutschen Untertan und Spießer auch nach Diederich Heßling weiter erhalten blieben.

Aufgabe 3 **

Analysieren und interpretieren Sie die Entwicklung Diederich Heßlings auf dem Wege zum Untertan und Karrieristen in der Kindheit, beim Studium und beim Militär (HL S. 5–45/F S. 9–64).

ANALYSE/
INTERPRETATION:
KINDHEIT

Mögliche Lösung in knapper Fassung:

In chronologischer Folge erfahren wir im 1. Kapitel vom Prozess der Einordnung Diederich Heßlings in Familie, Schule, studentische Verbindung und Militär. Die Charakterbildung des Protagonisten vollzieht sich bereits in Kindheit und Jugend zwischen den Polen Macht erleiden und Macht ausüben, wobei in diesen Jahren die Erfahrung von Macht, also Macht erleiden, dominiert.

Bei der Lektüre des ersten Satzes zu Beginn des Buches: „Diederich war ein weiches Kind, das am liebsten träumte, sich vor allem fürchtete und viel an den Ohren litt." gewinnt der Leser den Eindruck, dass im Folgenden die Geschichte eines einsamen, verweichlichten Kindes erzählt wird, das anders als seine Altersgenossen ist. (HL S. 5/F S. 9) Aber schon wenige Zeilen weiter erfahren wir vom Erzähler, dass dieses Anderssein ganz überraschend ist. Der junge Heßling sehnt sich geradezu nach den Prügeln durch den Vater und bei jeder Untat, die nicht geahndet wird, hat er Zweifel an dessen Autorität. Zugleich klatscht er wie toll in die Hände, als der Vater mit seinem invaliden Bein die Treppe herunterfällt. (HL S. 5/F S. 9)

Diese Gefühle von Liebe und Hass gegenüber Autoritäten wiederholen sich auf anderer Ebene beim Abschluss von Heßlings Karriere in der Beziehung zwischen ihm und dem Regierungspräsidenten von Wulckow. (HL S. 235 f./F S. 330 f.) Als er die Kränkung durch den Präsidenten erleiden muss, drückt er seinen Hass allerdings nicht in einer Handlung aus (in die Hände klatschen), sondern im inneren Monolog.

Ganz anders zeigt sich das Kind Heßling im Verhalten gegenüber den Arbeitern und der Mutter. Obwohl er sich mit der Mutter verbünden könnte, da auch sie unter der Autorität ihres Mannes leidet, fühlt er sich ihr bald überlegen. An ihr kann er bereits Macht ausüben, indem er sie beim Vater verrät, er freut sich, wenn der Vater sie bestraft und er somit an der familiären Autorität des Vaters partizipieren kann. Mit diesen Charaktereigenschaften, die er bereits in der Kindheit erworben hat – zwischen den Polen Teilnahme an der Macht und Untertanenmentalität – ist er gerüstet für den nun folgenden Lebensabschnitt: die Schule.

Mit den Erfahrungen, die Heßling bei der Sozialisation in der Familie gemacht hat, beginnt er seine Ausbildung in der Schule. Auch hier, in einer anderen sozialen Umgebung, prägt sich seine Fähigkeit, Macht zu erleiden, weiter aus. Ihn beglückt die Zugehörigkeit zu diesem „unerbittlichen, menschenverachtenden, maschinellen Organismus, der das Gymnasium war", an dem er leidend teilhaben durfte. Beim Geburtstag des Lehrers umkränzen die anderen

**ANALYSE/
INTERPRETATION:
SCHULE**

| 1 SCHNELLÜBERSICHT | 2 HEINRICH MANN: LEBEN UND WERK | 3 TEXTANALYSE UND -INTERPRETATION |

Schüler das Katheder. „Diederich umwand sogar den Rohrstock." (HL S. 7/F S. 12) So beglückend für ihn die Ausprägung seiner Leidensfähigkeit und Untertanenmentalität auch ist, so wichtig sind die Experimente, in denen er seine Macht über andere Schüler erproben kann, wie die gewaltsame Diskriminierung des einzigen jüdischen Schülers in seiner Klasse (HL S. 9/F S. 15) oder die Denunziation von Mitschülern bei den Lehrern. (HL S. 10/F S. 16) Heinrich Mann lässt uns durch die wertenden Kommentare des Erzählers in der relativ kurzen Textpassage, die die Schulzeit betrifft, an der Sozialisation Heßlings in diesem Lebensabschnitt anschaulich teilhaben.

Es sei daran erinnert, dass der Autor in dem Roman *Professor Unrat* bereits die Erziehung zum Kadavergehorsam in der Schule gegeißelt hat. (s. S. 25) Als Diederich in die Prima versetzt wird, „galt seine Gymnasialkarriere als gesichert", sodass der Vater beschließt, ihn nach dem Abitur zum Studium (Chemie) nach Berlin zu schicken.

ANALYSE/ INTERPRETATION: STUDENTENZEIT IN BERLIN

Bei einem Besuch der Familie Göppel (Geschäftsfreund seines Vaters) in Berlin macht Diederich die für ihn unangenehme Bekanntschaft mit dem stud. ing. Mahlmann, der bei Göppels „Zimmerherr sein sollte". (HL S. 12/F S. 18) Mahlmann wird für Diederich zur gefürchteten Person: Er ist körperlich stark, erweist sich als Rivale beim Umwerben von Agnes und hält sich bei ihm schamlos gütlich. Mahlmann ist die erste Autorität, mit der er sich in Berlin auseinandersetzen muss. Wo sollte der kleine, unansehnliche Student vor solchen Mächten in Berlin Schutz suchen? Der ehemalige Student Hornung wirbt Diederich für die „hochfeine Korporation der Neuteutonen an". (HL S. 20/F S. 31) Hier ist er bald zu Hause. Er kann sich in dem größeren Kollektiv und der Hierarchie der Verbindung bedingungslos unterordnen. „Er war untergegangen in der Korporation, die für ihn dachte und wollte. Und er war ein Mann, durfte

| 4 REZEPTIONS-GESCHICHTE | 5 MATERIALIEN | 6 PRÜFUNGS-AUFGABEN |

sich selbst hochachten und hatte eine Ehre, weil er dazu gehörte!"
Keiner konnte ihm hier etwas anhaben. „Mahlmann hätte sich einmal herwagen und es versuchen sollen: Zwanzig Mann wären statt
Diederichs gegen ihn aufgestanden!" (HL S. 21/F S. 32) Bei den
Neuteutonen wird seine Untertanenmentalität weiter entscheidend
ausgeprägt, als er bei Wiebel als Leibfuchs dienen kann. (HL S. 24/F
S. 36) Dieser Wiebel wird in Berlin zu seinem Erzieher und Lehrer,
dem er sich bedingungslos wie einst dem Vater und dem Ordina-
rius am Gymnasium unterordnet. Wiebel ist es auch, der ihm erste
reaktionäre antisemitische Ansichten vermittelt (HL S. 38/F S. 56),
die später für seine politische Karriere in Netzig von Bedeutung
sein sollten.

Die Zeit bei den Neuteutonen sieht Diederich selbst als entscheidende Lehrjahre an. „Schon hatte Diederich Selbstbeherrschung
gelernt, Beobachtung der Formen, Korpsgeist, Eifer für das Höhe-
re ... Jetzt war Ordnung und Pflicht in sein Leben gebracht." (HL
S. 25/F S. 37)

Ordnung und Unterordnung beim Militär sowie die gesellschaftli-
che Anerkennung, die man als Gedienter im kaiserlichen Deutschland erfährt, veranlassen Diederich, sich nach dem Studium zur
Ableistung seiner Militärzeit als Einjähriger freiwillig zu melden.
(HL S. 33/F S. 48) Das Leben beim Militär fasziniert ihn einerseits
(„Prinzip und Ideal waren ersichtlich das Gleiche wie bei den Neuteutonen ...", HL S. 34/F S. 49), andererseits fühlt er sich durch
die körperlichen Strapazen überfordert. Wie kann er weiterhin die
selbst gewählten Ideale hochhalten, zugleich aber dem körperlichen Drill entkommen? Er macht sich die Hierarchie beim Militär
zunutze, indem er einen Stabsarzt, der Verbindung zu den Neuteutonen hat, für sich einspannt. „Vom schweren Dienst war Diederich
fortan befreit, das Gelände sah ihn nicht mehr. Um so williger und

**ANALYSE/
INTERPRETATION:
DIE MILITÄRZEIT
IN BERLIN**

freudiger war sein Verhalten in der Kaserne." (HL S. 37/F S. 54) Schließlich wird er in Ehren entlassen. Bei den Neuteutonen prahlt er beim ersten Besuch von seiner glorreichen Militärzeit: „Wer von euch noch nicht dabei war, hat keine Ahnung. Ich sage euch, da sieht man die Welt von einem anderen Standpunkt. Ich wäre überhaupt dabeigeblieben, meine Vorgesetzten rieten es mir, ich sei hervorragend qualifiziert." (HL S. 38/F S. 55)

Diederich lernt, sich weiteren Instanzen der Macht zu unterwerfen (Neuteutonen, Militär), erreicht aber auch im Kleinen Erfolge bei der Erprobung der eigenen Macht: Er verurteilt einen Studenten zum Bierverschiss (HL S. 26/F S. 39), er ist unerbittlich und streng gegenüber einem bestraften Einjährigen. (HL S. 37/F S. 54) Am Ende des ersten Kapitels hat Diederich wichtige Stationen in seiner charakterlichen Entwicklung zum autoritären Untertan durchlaufen. Abgeschlossen ist sie allerdings noch nicht.

Aufgabe 4 **

Interpretieren Sie die Kapitelschlüsse des Romans besonders unter dem Aspekt „Kaiser Wilhelm II. und sein Untertan".

TEXTIMMANENTE INTERPRETATION

Mögliche Lösung in knapper Fassung:

Ein besonderes Element bei der Strukturierung des Romans sind die Kapitelschlüsse, bei denen Diederich Heßling sich auf immer höherer Stufe seinem Ideal, Kaiser Wilhelm II., nähert und schließlich angleicht, bis er am Ende seine eigene Identität völlig aufgibt und sich mit dem Kaiser ganz eins fühlt. Allerdings trifft Diederich nur am Ende des 2. Kapitels und zu Beginn des 6. Kapitels direkt auf den Kaiser. In den anderen Kapiteln kommt es zu einer fiktiven Annäherung. Die Kapitelschlüsse werden in zahlreichen Rezensionen als hervorragend satirisch gestaltete Handlungselemente interpretiert.

Die erste Begegnung mit seinem Idol hat einen historisch belegten Hintergrund: die Arbeitslosendemonstration 1892 in Berlin. Im Roman kommt es im Zusammenhang mit dieser Demonstration in einem Berliner Café zu tumultartigen Szenen, als plötzlich jemand sagt: „Das ist doch Wilhelm." (HL S. 42/F S. 60) Der Kaiser tritt als Akteur in Erscheinung, der nur durch seine Anwesenheit den Aufruhr zum Erliegen bringt. Mehr geschieht zunächst nicht. Das Ganze hat etwas von Schmierentheater, das Heinrich Mann satirisch gestaltet ins Bild setzt. „Die Herren, die dem Kaiser folgten, blickten mit äußerster Entschlossenheit darein, ihre Pferde aber lenkten sie durch das Volk, als seien alle die Leute zum Statieren (als Statist tätig, J. S.) bei einer Allerhöchsten Aufführung befohlen … Er selbst, der Kaiser, sah nur sich und seine Leistung." (HL S. 43/F S. 61) Diederich fühlt sich angesprochen, dem Kaiser zu huldigen und ihn zu unterstützen. Er kommentiert das Geschehen als kaisertreuer Untertan (HL S. 43 f./F S. 62 f.) und er greift direkt ein, indem er einen „Mann mit Künstlerhut" tätlich angreift. (HL S. 43/F S. 62)

> **1. KAPITEL:**
> Vorläufiger Abschluss und Höhepunkt der Ausprägung des autoritären Charakters

Damit sieht er sich ganz und gar als Verteidiger des kaiserlichen Herrschaftsanspruchs. Er folgt dem Kaiser, gerät in einen Rausch, in eine „begeisterte Raserei", bis er schließlich im Berliner Tiergarten dem Kaiser unmittelbar begegnet. Heinrich Mann hat diese Szene grotesk gestaltet: Der Kaiser hoch auf dem Pferd, Diederich „umspritzt von Schmutzwasser" in einem Tümpel. Selbst der Kaiser muss über diese Szene lachen. Von dem Mann geht keine Gefahr aus. Er ist ein Monarchist, „ein treuer Untertan". (HL S. 45/F S. 64) Noch bezeichnet er Diederich aus der Distanz als **einen** Untertan, bei der zweiten direkten Begegnung wird daraus **sein** Untertan.

2. KAPITEL:
Nach der inneren Angleichung an Überzeugung und Handeln des Kaisers erfolgt die physiognomische Angleichung

Am Ende des 2. Kapitels kommentiert der Erzähler Diederichs Entwicklung nach der Berliner Zeit. „Die Korporation, der Waffendienst und die Luft des Imperialismus hatten ihn erzogen und tauglich gemacht." (HL S. 71/F S. 100) Nun muss er diese Entwicklung auch noch in seinem Äußeren dokumentieren, indem er vom Hofffriseur an seinem Bart die notwendigen Veränderungen vornehmen lässt. Wenn er nun in den Spiegel schaut, glaubt er sich kaum noch selbst zu erkennen. Die Augen sind furchterregend, „als blitzten sie aus dem Gesicht der Macht." (HL S. 71/F S. 101) Emmerich nennt das „ein grotesk übersteigertes Bild von Selbst-Entfremdung und Fremdbestimmung."[73]

3. KAPITEL:
Diederich sieht dem Kaiser nicht nur ähnlich, er handelt auch wie der Kaiser

Zunächst richten die Konservativen um Diederich im Suff am Stammtisch nach der Erschießung des Arbeiters ein Huldigungstelegramm an den Kaiser. (HL S. 111/F S. 156) Danach erfährt die groteske Szene noch eine Steigerung, als Diederich als Kaiser Wilhelm II. auf das Telegramm antwortet. Die Identifikation mit dem Kaiser hat Erfolg. Redakteur Nothgroschen akzeptiert ihn in seiner Rolle. Er stammelt nur noch: „Sie haben so viel Ähnlichkeit mit – mit –". (HL S. 113/F S. 160)

4. KAPITEL:
Diederich hält eine Rede mit den Worten des Kaisers, als wären es die seinen

Der Schluss des 4. Kapitels knüpft an das Ende des 3. Kapitels fast nahtlos an. Im Kaiserschluss des 3. Kapitels geht es um den Telegrammtext, im 4. Kapitel um Teile einer Rede, die Diederich bei der Aufnahme an den Kriegerverein hält. „Das Wort erregte Begeisterung; und als Diederich allen, die ihm zutranken, nachgekommen war, hätte er nicht mehr sagen können, ob es von ihm selbst war oder nicht doch vom Kaiser. Schauer der Macht strömten aus dem Wort auf ihn ein, als wäre es echt gewesen." (HL S. 174 f./F S. 246)

---

73 Emmerich, S. 91.

| 4 REZEPTIONS-GESCHICHTE | 5 MATERIALIEN | 6 PRÜFUNGS-AUFGABEN |

Diederich hat durch die Heirat mit Guste Daimchen seine finanziellen Schwierigkeiten regeln können und begibt sich auf die Hochzeitsreise mit seiner jungen Ehefrau. In einem Züricher Hotel kommt
es zum ersten ehelichen Beischlaf. Selbst in dieser ganz intimen und
privaten Sphäre gibt Diederich seine eigene Identität auf. Den Beischlaf verdinglicht er und bezeichnet ihn als eine Sache, als dessen
Ergebnis die Eheleute dem Kaiser „tüchtig Soldaten liefern" wollen. (HL S. 258/F S. 361) Seine junge Frau ist von seiner Ansprache
so „entrückt", dass sie wohl in Diederich den Kaiser selbst im Bett
zu haben glaubt, was ganz im Sinne Diederichs gewesen sein wird:
„Bist – du – das – Diederich?" (HL S. 258/F S. 361)

5. KAPITEL: Selbst in der Hochzeitsnacht gibt Diederich für den Kaiser sein eigenes Ich auf

Der Anfang des 6. Kapitels kann als Pendant zum Kaiserschluss des
2. Kapitels betrachtet werden. Dieses Mal begegnet Diederich dem
Kaiser nicht zufällig, sondern er arbeitet bewusst auf die Begegnung
hin, indem er dem Kaiser bei seiner Reise in Rom auf Schritt und Tritt
folgt und wie beim Märchen von Hase und Igel immer schon kurz
vor dem Kaiser am Ort der Handlung eintrifft. Endlich steht er seiner
Majestät wieder Auge in Auge gegenüber – und dieses Mal lächelt
der Kaiser ihm wohlwollend zu: „Er erkannte ihn wieder, seinen
Untertan." (HL S. 263/F S. 367) Diederich fühlt sich nun ganz eins
mit dem Kaiser und dazu berufen, in einer römischen Taverne eine
flammende Rede auf den Kaiser zu halten. (HL S. 263 f./F S. 369 f.)

    „Mit einem Ernst, der nicht ohne Drohung war, nahm Diederich
für seinen Herrn und die furchtbare Macht seines Herrn die Hul-
digungen des Auslandes entgegen … " (HL S. 264/F S. 370) Der
wissende Leser ahnt, dass Heinrich Mann durch Diederichs Rede
die imperialistischen Machtansprüche des kaiserlichen Deutschlands zum Ausdruck bringt.

6. KAPITEL: Diederich sieht sich mit dem Kaiser auf dem gleichen Zeitungsblatt vereinigt

DER UNTERTAN

| 1 SCHNELLÜBERSICHT | 2 HEINRICH MANN: LEBEN UND WERK | 3 TEXTANALYSE UND -INTERPRETATION |

Das ist die letzte direkte Begegnung mit Kaiser Wilhelm II. im Roman. Doch der Höhepunkt in der Vita des Untertans Diederich Heßling folgt noch – seine Laudatio auf den toten Kaiser Wilhelm I. bei der Denkmalseinweihung.

LITERATUR

Die Literatur zu Leben und Werk Heinrich Manns ist außerordentlich umfangreich. Eine repräsentative Auswahl findet man in der Regel in aktuellen Biografien, so in der zitierten Heinrich-Mann-Biografie von Stefan Ringel, in der Publikation von Klaus Schröter und direkt zu Heinrich Manns Roman *Der Untertan* bei Wolfgang Emmerich.

Die hochgestellte Ziffer bei dem Erscheinungsjahr verweist auf die Auflage, die verwendet wurde.

Zitierte Ausgaben:

Mann, Heinrich: *Der Untertan*. Husum: Hamburger Lesehefte Verlag, 2021 (Heft 255; Heftbearbeitung: Stella Rogal). Zitiert als HL.

Mann, Heinrich: *Der Untertan*. Frankfurt am Main: Fischer Taschenbuch Verlag, [20]2020. (TB 13640). Zitiert als F.

Gesamtausgaben:

Heinrich Mann: *Gesammelte Werke* (3 Bde.). Berlin: Paul Cassirer, 1909.

Heinrich Mann: *Gesammelte Romane und Novellen* (10 Bde.). Leipzig: Kurt Wolff Verlag, 1917.

Heinrich Mann: *Gesammelte Werke*, hg. von der Akademie der Künste der DDR (24 Bde.). Berlin und Weimar: Aufbau Verlag, 1965 ff.

Textausgaben und Dokumente:

Mann, Heinrich: *Der Untertan*. Roman. Leipzig/Wien: Kurt Wolff Verlag, 1918.

LITERATUR

Mann, Heinrich: *Ein Zeitalter wird besichtigt*. Berlin: Aufbau Verlag, 1947.

Deutsche Akademie der Künste zu Berlin (Hg.): *Heinrich Mann 1871–1950. Werk und Leben in Dokumenten und Bildern*. Mit unveröffentlichten Manuskripten und Briefen aus dem Nachlass. Verantwortlich für die Zusammenstellung: Sigrid Anger. Berlin und Weimar: Aufbau Verlag, [2]1977.

Schröter, Klaus: *Heinrich Mann. Mit Selbstzeugnissen und Bilddokumenten*. Reinbek bei Hamburg: Rowohlt Taschenbuch Verlag, [18]1998.

Betz, Frederick: *Erläuterungen und Dokumente zu: Heinrich Mann: Der Untertan*. Reclam Verlag: Stuttgart, 2003.

Lernhilfen und Kommentare für Schüler:

Hofmeister, Barbara: *Familie Mann*. Ein Lesebuch. Reinbek bei Hamburg: Rowohlt Taschenbuch Verlag, 1999. → Authentische Texte von 12 Mitgliedern der Familie Mann, dieser repräsentativen deutschen Schriftstellerfamilie des 20. Jahrhunderts, zu Leben und Werk von Thomas und Heinrich Mann, ihren Eltern, Ehefrauen, Kindern und Enkeln. Der Stammbaum auf den letzten Seiten des Lesebuches erleichtert u. a. das Verständnis des Fernsehfilms *Die Manns*.

Hummelt-Wittke, Monika: *Heinrich Mann. ,Der Untertan'*. Interpretation. München: R. Oldenbourg Verlag, [3]1998. → Aufgrund ihres Umfangs vermag diese Publikation eine fachwissenschaftlich fundierte Interpretation des Romans zu geben. Das Buch wird besonders interessierten Schülern viele weiterführende Impulse zur Erschließung von *Der Untertan* geben.

Ringel, Stefan: *Ein Leben wird besichtigt*. Darmstadt: Primus Verlag, 2000. → In diesem Buch wird das Leben Heinrich Manns im Zusammenhang mit dem Zeitgeschehen und kulturgeschichtlichen Aspekten kommentiert. Außerdem werden seine wichtigsten Romane, Novellen und Essays interpretiert.

Sekundärliteratur:

Brüning, Jens: *Wir erinnern. Vor 50 Jahren: Uraufführung des DEFA-Films „Der Untertan".* Manuskript Deutschlandfunk. Hintergrund Kultur. Sendung vom 31. 08. 2001.

Bütow, Wilfried (Hg.): *Literatur im Überblick von den Anfängen bis zur Gegenwart.* Ein Lehrbuch für Schüler der Klassen 7 bis 10. Berlin: Volk und Wissen, 1990.

Ebersbach, Volker: *Heinrich Mann. Leben – Werk – Wirken.* Leipzig: Verlag Philipp Reclam jun., 1982.

Emmerich, Wolfgang: *Heinrich Mann: ‚Der Untertan'.* München: Wilhelm Fink Verlag, 1980.

Gerth, Klaus: *Satire.* In: Praxis Deutsch 22, 1977, S. 6–11.

Hocke, Brigitte: *Heinrich Mann.* Leipzig: Bibliographisches Institut, 1983.

Henze, Hanne: *Die Entlarvung des wilhelminischen Komödianten.* Heinrich Mann: ‚Der Untertan'. In: Praxis Deutsch 22, 1977, S. 55–59.

Johann, Ernst (Hg.): *Reden des Kaisers. Ansprachen, Predigten und Trinksprüche Wilhelm II.* München: Deutscher Taschenbuch Verlag, 1966.

Kaufmann, Hans: *Geschichte der deutschen Literatur.* Vom Ausgang des 19. Jahrhunderts bis 1917. Bd. 9. Berlin: Verlag Volk und Wissen, 1974.

Kobsarewa, Lydia: *Satire und Karikatur im Roman ‚Der Untertan' von Heinrich Mann.* In: Deutschunterricht, H. 2/3, 1979, S. 139–144.

LITERATUR

Müller-Michaels, Harro: *Deutschkurse*. Modell und Erprobung angewandter Germanistik in der gymnasialen Oberstufe. Weinheim: Beltz Athenäum Verlag, [2]1994.

Nägele, Rainer: *Theater und kein gutes. Rollenpsychologie und Theatersymbolik in Heinrich Manns Roman ‚Der Untertan'*. In: Colloquia Germanica 7, H. 1, 1973, S. 28–49.

Paintner, Peter: *Erläuterungen zu Heinrich Mann. Der Untertan*. Königs Erläuterungen und Materialien, Bd. 348. Hollfeld: C. Bange Verlag, [7]1998.

Reich-Ranicki, Marcel: *Thomas Mann und die Seinen*. Frankfurt am Main: Fischer Taschenbuch Verlag, [10]2001.

Schröter, Klaus: *Untertan – Zeitalter – Wirkung*. Drei Aufsätze. Stuttgart: Texte Metzler, Bd. 10, 1971.

Tucholsky, Kurt: *Der Untertan*. In: ... Ganz anders. Berlin: Verlag Volk und Welt, 1958, S. 149–156.

Das Tucholsky Lesebuch. Zusammengestellt v. Daniel Keel u. Winfried Stephan. Zürich: Diogenes Verlag, 2007.

Unterrichtshilfen Deutsche Sprache und Literatur: *Literatur, Klasse 10*. Berlin: Verlag Volk und Wissen, [2]1988.

Weisstein, Ulrich: *Heinrich Mann. Eine historisch-kritische Einführung in sein dichterisches Werk*. Tübingen: Max Niemeyer Verlag, 1962.

Werner, Renate (Hg.): *Heinrich Mann. Texte zu seiner Wirkungsgeschichte in Deutschland*. München: Deutscher Taschenbuch Verlag; Tübingen: Max Niemeyer Verlag, 1977.

Materialien im Internet:

**http://www.politische-bildung-brandenburg.de/themen/
ernstfall-demokratie/themen/das-scheitern-der-geschichte-
der-gegenwart/geschichte-und-film-os**
Brandenburgische Landeszentrale für politische Bildung: Der
Untertan: Geschichte und Film in Ost und West.

**http://www.ub.fu-berlin.de/service_neu/internetquellen/
fachinformation/germanistik/autoren/autorm/hmann.html**
Internetquellen zu Heinrich Mann. Bereitgestellt von der
Universitätsbibliothek der Freien Universität Berlin.

**http://www.die-luebecker-museen.de/de/1475/die-heinrich-
mann-gesellschaft-e.v.html**
Die Heinrich Mann-Gesellschaft e. V.

Verfilmung:

Der Untertan. DDR 1951.
Regie: Wolfgang Staudte. Drehbuch: Wolfgang und Fritz
Staudte.

STICHWORTVERZEICHNIS

Adel 16, 18, 97

Antisemit 36

Antisemitismus, antisemitisch 34, 57

autoritär 7, 46, 50, 66, 75, 83, 104

Autorität 49, 54, 97, 101, 102

Bildungsroman 65, 91

Biografie 10, 28, 88, 89, 99

Bismarck, Otto von 14, 19–21

Demokrat 16, 18, 26, 54, 70

Demokratie 25

Denkmalseinweihung 40, 45, 67, 108

Dialog 52, 53, 60, 98, 99

Entstehungsgeschichte 27, 28, 89

Epilog 85

Episode 7, 16, 19, 20, 43, 44, 46, 66, 67, 77, 89, 91, 97, 99

Erzähler 52, 60, 62, 69, 96, 98, 99, 101, 102, 106

Erzählerkommentar 60

Erziehung 25, 102

Essay 10, 24, 25, 29, 88

Figurenensemble 46

Film 25, 85, 86

Freisinnige 41, 54, 59, 95

Gerichtsprozess 49, 51, 52

Gesellschaftsroman 22

Intrige 33, 45, 51, 97

Kadavergehorsam 25, 66, 102

Kaiser Wilhelm II. 7, 9, 14, 20, 24, 25, 27, 32, 34, 52, 61, 65, 72, 74, 89, 104, 106, 108

Kaiserreich 6, 16, 19, 22, 25, 31, 63, 85, 99

Karikatur 21, 79

Korporation 14, 17, 56, 64, 102, 106

Kriegerverein 21, 38, 39, 45, 58, 63, 68, 73, 106

Liberale 18, 36, 37

Machtpolitiker 43

Majestätsbeleidigungsprozess 67, 70, 93, 95

Militärdienst 33, 34

Monarchist 72, 105

Monolog 96, 98, 99, 101

Motiv 22

Nationalversammlung 17

Neuteutonia 33, 34, 56, 64

Opportunist, opportunistisch 20, 60, 94

Perspektive 69, 75, 96

Satire 22, 79, 81, 85

satirisch 6, 8, 9, 25, 30, 60, 62, 65–67, 72, 97–99, 105

Schule 32, 48, 94, 100–102
Sozialdemokrat 8, 20, 36, 41, 49, 53, 61, 89, 93
Sozialdemokraten 36
Sozialdemokratie 14, 17, 19, 49
sozialdemokratisch 20, 89
Sozialisation 44, 97, 101, 102
Sozialistengesetz 14, 19
Stil 8, 60

Studium 7, 32, 33, 46, 48, 72, 100, 102, 103
Theater 52, 77, 105
Theater-Motiv 9, 65, 77
Titelfigur 29
Untertanengeist 25
Untertanenmentalität 66, 96, 97, 101–103
Wertung 52, 60, 82
wilhelminisch 94

KÖNIGS ERLÄUTERUNGEN
LEKTÜREHILFEN-PORTAL

**Jetzt anmelden und loslegen!
Im Nu zum gesuchten Titel oder Material!**

NEU

KÖNIGS ERLÄUTERUNGEN

Das Lektürehilfen-Portal

Suchen

Vorteile:

+ **verständliche** und **strukturierte Darstellung** von **komplizierten Inhalten**

+ **zuverlässige Quelle** mit allen Infos und Zusatzmaterialien

+ **perfekte Grundlage** für **Referate** und die Unterrichtsvorbereitung

+ **einfache** und **zeitsparende Recherche**

Werde jetzt zum Lektüren-Profi!
www.lektueren-verstehen.de